Fernando Dourado Filho

QUALQUER SENSAÇÃO SÚBITA

Título Original no Brasil
QUALQUER SENSAÇÃO SÚBITA

Copyright © 2022 by Fernando Dourado Filho

Todos os direitos reservados. Proibida a reprodução, no todo ou em parte, através de quaisquer meios.

Editoração: S2 Books
Capa: Marcelo Girard
Imagem da capa: Imre Ámos, "At Chagall", aquarela (1937)
http://viragjuditgaleria.hu/hu/art_info/muveszek/a/amos_imre/)

Direitos exclusivos de publicação somente para o Brasil adquiridos pela
AzuCo Publicações.
azuco@azuco.com.br
www.azuco.com.br

Dados Internacionais de Catalogação na Publicação (CIP)
(Câmara Brasileira do Livro, SP, Brasil)

Dourado Filho, Fernando
    Qualquer sensação súbita / Fernando Dourado Filho. -- São Paulo : Karen Szwarc, 2022.

    ISBN 978-65-00-34966-5
    1. Ficção brasileira 2. Multiculturalismo I. Título.

21-90399   CDD-B869.3

Índices para catálogo sistemático:
1. Ficção : Literatura brasileira B869.3
Aline Graziele Benitez - Bibliotecária - CRB-1/3129

Este livro é dedicado ao meu irmão. Sobre o vão de nossas diferenças, construímos uma ponte por onde passam velhas cumplicidades e códigos de família que só nós entendemos - e que tanto nos divertem.

"We know now that a man can read Goethe or Rilke in the evening, that can play Bach and Schubert, and go to his day´s work at Auschwitz in the morning."

GEORGE STEINER

"Num mundo em que não há lugar, resta o jogo da viagem e da impermanência."

PAULO GUSTAVO

Sumário

O mal não pede licença 9
Prospect Park.. 23
Um elefante em Ginza 35
Un jardin sur le Nil.. 49
Aspirante a pintor 61
Cinco vidas 73
Escuta, Israel.. 83
O rival 99
Todos os sabores.. 109
A casinha de telhado azul de Sato-san 123
Antes pelo contrário 139
Homme à femmes.. 149
O paciente do dr. Nussenweig 163

O mal não pede licença

"Quietinha, dona, quietinha, baixe a cabeça, não olhe pra gente não, viu? Se não conseguir fechar os olhos, olhe pro chão, tá ouvindo? Mas não olhe pra gente não porque se olhar, vai ficar ruim pra senhora, entendido? A senhora não era pra estar aqui, dona. O que é que a senhora veio fazer, porra? A gente ia passando pela rua, a porta estava aberta, a gente tocou a campainha um monte de vezes e ninguém atendeu. Tenha juízo, diga logo onde a senhora guarda o dinheiro. Dê o dinheiro que a gente vai embora. Como não, dona? Uma casona desse tamanho. E daí que a senhora é separada? Não venha com essa, a gente não é otário. Mostra já onde é o esconderijo. Passa as jóias, relógio, dólar. Que raça de cachorro é essa? É, foi o que eu pensei. Mas acho que ele não vai longe não, dona, desculpe dizer. Doze anos para um labrador é fim de linha, posso garantir. Não me diga que a senhora só tem essa mixaria. Nunca vi rico tão pobre. Chega a dar raiva. A gente é do bem, dona, mas é que a situação anda difícil, a senhora tem que cooperar."

"Engraçado é que quando fui para o aeroporto, não tive a sensação de que estava saindo do Rio de Janeiro. Era como se uma vozinha interna me sussurrasse que alguma coisa iria acontecer e que logo eu daria meia volta. São coisas que a gente sente ao bater a porta, é um sexto sentido de quem viaja muito. No caminho, o taxista puxou conversa, mas eu estava entretido com o telefone, lendo a crônica de um amigo virtual da Bahia, morador daqui, que começou a namorar com uma potiguar que vive em Brasília. O divertido é que ele documenta cada passo do casal, não sei como ela suporta. Então o telefone começou a tocar. Dei uma olhada no visor e resolvi que retornaria a chamada de Sulamita quando estivesse com o cartão de embarque na mão, depois de passar pela inspeção de segurança. Mas aí veio uma mensagem de áudio. Insistir é bem dela, mas nem tanto. O que seria? No saguão do aeroporto, ouvi. Ela tinha acabado de sofrer um assalto em casa, a voz era de puro desespero. Então voltei para a calçada e pulei no primeiro táxi. Puta que o pariu, só temia que tivessem tocado nela. Tudo menos isso."

"Não, ela agora já está bem. Os caras sabiam direitinho o que queriam, rapaz. Foram direto para a suíte principal, não espalharam digitais pela casa e só vandalizaram o quarto da Sula porque achavam que tinha alguma coisa atrás das gavetas. A cena que eu vi quando cheguei era impressionante. Tinha tanta roupa empilhada que juro que achei coisas dos tempos em que ainda éramos casados, lá se vão anos. Aproveita e faz uma boa faxina, trata de doar essa velharia toda – eu disse a ela, pra descontrair. Nessas horas a vida ensina que a melhor terapia é botar as mãos à obra e deixar o ambiente o mais próximo possível do que estava antes. Eu sabia que havia o risco de apagar digitais, mas mesmo assim não dava para esperar uma perícia com a casa naquele estado. Aquela primeira hora foi de trabalho braçal até conseguirmos abrir um caminho. O cofre estava estourado a pé de cabra e isso me trouxe algum alívio. Sei que dinheiro que é bom ela não tinha, quando muito teria bijuterias. Mas ver que os caras chegaram equipados foi um alívio. Eram profissionais. É sempre melhor lidar com eles do que com aventureiros. Fica até mais difícil achá-los, mas isso não é o importante agora."

"Eu mal tinha chegado a Petrópolis quando vi aquela mensagem estranha do amigo de minha mãe. Fiquei sem cor e as pessoas perceberam. Minha prima chegou a me perguntar se alguma coisa tinha acontecido. Não, nada, desconversei, sabendo que não estava sendo muito convincente. Fui ao terraço e consegui falar com meu pai, que já estava lá com ela. Ele tentou me tranquilizar e, de alguma forma, conseguiu. Tanto que eu até pensei em voltar para ajudar, mas depois achei que tudo ficaria bem e que esse é um dos preços a pagar por morarmos no Rio, não é? Uma coisa que a literatura me ensinou é que não tem essa de merecer ou não a visita da fatalidade. O mal não pede licença. Não é por você ser uma pessoa legal que a vida te poupa de sustos. Aparentemente, tudo tinha acabado bem. Consegui falar com ela, que ainda estava abalada. Rolf, coitado, tinha ficado bem comportado, nem festa às visitas ele costuma mais fazer. Tentei desligar do problema, mas fiquei com um pensamento recorrente. Uma hora isso tinha mesmo que acontecer. Ainda hoje não sei dizer se teria sido melhor eu estar lá com ela ou não. Acho que ela se saiu bem, sinto até um certo orgulho."

"Menina, eu fiquei sabendo pelo grupo de WhatsApp da rua. Logo pensei que podia ser aqui na tua casa. Acertei. Na tua posição, sinceramente, eu não sei se é o caso de continuar morando aqui. Não falo por esse incidente, digo no geral. É uma casa grande demais para quem tem dois filhos morando longe, e a outra já casada. De vez em quando vejo umas placas de venda de apartamento numas ruas simpáticas lá pelas bandas de minha aula de canto. É uma região que pode parecer meio saturada, mas quem mora lá se acostuma tanto que não quer mais sair, pode acreditar. Pelo que você falou desses caras - afinal eram dois ou três? - eles tinham informação sobre a rotina da casa. Nós temos vigilância de uma empresa que faz rondas, mas nem nela eu confio muito. Lá em casa só entra quem for cadastrado na guarita, como em prédio de escritório. Faço isso inclusive com as amigas das meninas. Elas ficam putas, mas eu digo que é para a segurança de todos nós. Quanto você quer por essa casa, só para ter uma ideia? Acho que sei até de alguém que poderia se interessar. Devo ter sido corretora em outra vida porque adoro ver gente se mudando. Mas diga uma coisa: eles tinham algum sotaque do Norte?"

"Eles disseram que iam chamar o Uber na hora de ir embora? Mas são uns canalhas mesmo. Uber, imagine! A senhora pode ter certeza de que lá fora, não longe de sua casa, tinha um comparsa deles num carro de placa fria, quatro portas, Insulfilm nos vidros e um celular no viva voz. A senhora fez bem em não fazer alarde. Eles devem ter ficado malucos com sua chegada. Se a casa estava vazia, nem que a gente consiga impressões digitais que comprovem a culpabilidade, o juiz só considera furto. E furto significa responder em liberdade, entendeu? Mas com a senhora lá dentro, além do cachorro, coitadinho, se for descoberto meio polegar que eles tenham deixado por descuido, a gente os mete na cadeia. Por isso que eles se borram nas calças quando aparece alguém na cena. Eles já são instruídos pelo advogado. Aposto que não tomaram um copo d'água e não fumaram um cigarro. Nem devem ter se interessado por celular, computador, essas coisas de ladrão pé de chinelo. Eles chegaram lá com uma caixa de ferramenta, madame. Eles sabiam o que queriam. Então quer dizer que a senhora não tinha nada mesmo, não é? Sorte sua, mas podia ter sido diferente. Detalhe aqui é tudo."

"Aquilo é um otário. Eu lá dando o maior duro, montado num banco no meio de um monte de roupa, só ouvia o mané falando com a mulher sobre o cachorro, os filhos, e essa tranqueira toda. Meu medo era que ela relaxasse, perdesse o medo, e começasse a levar a gente na conversa. Eu dizia o tempo todo: cuidado aí, dona, se a senhora ajudar, tudo acaba bem. Mas se a gente achar alguma coisa que a senhora estiver escondendo, aí a coisa muda. A gente pode até furar a senhora, não duvide não. Mas então o Gaúcho ficava com aquela conversa mole. Ele ainda perguntou se ela tinha roupa de homem em casa e eu logo entendi. Se tivesse uma cueca que fosse, era ali que podia estar o cofre. Quando eu estourei um pequeno, bem chumbado na parede, achei que a gente tinha feito o mês. Mas o que tinha lá dentro era uma ninharia, uns euros, sei lá. Meu medo era que o patrão achasse que a gente tinha achado mais coisa e escondido o principal. Nessas horas todo mundo quer levar uma parte, não é? Até o babaca da chave apareceu no bar como quem não quer nada. Vaza aí, cara, não tem nada não. Tua chave nem serviu, porra. Eu não me impressiono mais com a grandeza. Tem casa pequena que rende muito mais do que esses palácios."

"A senhora está vendo aquele monte de processo ali? Todo dia a pilha aumenta. Veja bem, a gente tem até uma ideia de quem pode ser o ladrão. Se a senhora voltar segunda-feira, nós mostramos umas fotos, mas o bom mesmo é deixar a perícia levantar as digitais. Metade da bandidagem que vai em cana nesses casos, é por causa das digitais. É por isso que eles diziam à senhora que estavam usando luva, essa história toda. Talvez estivessem mesmo, mas sempre pode haver um descuido. Até uns tempos atrás, eu botava o cara sentado naquela cadeira ali e arrancava dele a verdade do meu jeito. Agora eles chegam com advogado e saem direto para a Corregedoria para alegar coação, intimidação. Uns bandidos que não valem nada, que ficam até rindo com o canto da boca. Mesmo assim, mais cedo ou mais tarde a gente chega a eles. Funciona! Mas poderia funcionar muito melhor se deixassem a gente trabalhar. A sociedade toda devia passar por essa sua experiência, desculpe dizer, para pensar menos em direitos humanos e mais na gente que fica aqui na linha de frente, sem muito recurso, lutando contra eles e os juízes que vivem relaxando a prisão. Mas fique tranquila. A senhora não tinha mesmo dinheiro, não é? Desculpe perguntar, mas judeu costuma guardar dinheiro em casa? É que eu vi essa estrelinha aí no seu cordão."

"Não, não. Esse miolo aqui é antigo e até muito bom. Não tem sinal de que foi forçado por chave-mestra. Se alguém entrou aqui, e o senhor não precisa me confirmar nada, entrou com uma chave autêntica. A gente que trabalha nisso há muito tempo, sabe quando tem treta no meio. Quando chegam lá uns moleques com o molde da chave no sabão, eu digo logo que bateram na porta errada, que não posso fazer o serviço. Eles olham feio, mas vão embora porque não é difícil achar quem queira. Mas se o camarada chega com uma chave de verdade, o que deve ter sido o caso dessa fechadura aqui, aí a gente não pode fazer nada. Ou melhor, a gente tem que fazer a chave. Se o senhor quiser, nós podemos colocar aqui uma fechadura Multlock. Aí o senhor pode ficar sossegado porque não há jeito de alguém entrar. Agora deixe eu mostrar uma coisa. O portão da garagem é acionado por controle remoto. É a coisa mais fácil para abrir de fora, basta querer. Digo isso para o dia em que alguém esquecer a chave. Aqui estão as cópias novas. São cinco chaves por trezentos reais. Fiquei com medo de que o cachorro engolisse os parafusos, mas acho que ele não está enxergando mais, não é?"

"A senhora entenda, eu não quero fazer julgamento sobre ninguém, mesmo porque minha religião não permite. Acusar em falso é pecado mortal, acho eu. Ou se não é, deveria ser. Eu gosto de todo mundo aqui, a começar pela senhora e seus filhos, que Deus os tenha em bom lugar, onde quer que estejam morando agora. Até esse bichinho aqui, por velho e doente que esteja, é pra mim como um filho, coitadinho, porque ainda lembro do tempo em que ele corria até o portão quando o passeador vinha pegá-lo. Ele trazia a coleira vermelha na boca porque sabia que ia correr na praça. O que eu posso dizer à senhora é o seguinte. Quando o jardineiro veio, ele trouxe dois auxiliares. Um deles não quis almoçar aqui porque disse que não trouxe marmita. Eu ainda ofereci bife, arroz e purê porque a senhora tinha decidido almoçar no clube e eu não como carboidrato já há algum tempo. Mas ele nem quis olhar a comida. Disse que não, e saiu pra comer fora. Ele levou a chave do jardineiro porque quando voltasse talvez eu já tivesse ido embora e os outros dois estariam lá nos fundos. Olhe só, eu só estou respondendo ao que a senhora perguntou. Pelo amor de Deus, não é um julgamento. Mas pode ter sido ele."

"Eu soube que a vovó lá terminou chamando a polícia, tá sabendo? Primeiro, nosso cara falou que veio a Polícia Militar, quando vocês ainda não tinham nem chegado de volta. Uns dias depois ela recebeu a Técnica, o que é mais complicado se tiver rolado vacilo, se vocês mexeram em alguma coisa. A Técnica ficou lá mais de uma hora e o japonês da lanterninha foi com eles. Foi ele que botou o Pinga em cana. O filho da puta lê até pensamento. Agora se tinha um cachorro, mesmo que a velha tenha colaborado, não custava ter enfiado a chave no bicho. Se ela tinha alguma coisa a esconder, era a melhor forma de fazer com que falasse. Matar cachorro não é latrocínio. O doutor pode sempre dizer que o bicho tentou atacar, que foi legítima defesa. Quem é que vai querer saber se era velho, cego ou diabético? No dia seguinte, vocês falharam de novo. O negócio é sair um pouco da área, ficar lá por Vitória por uns tempos, onde o pessoal já mapeou coisa boa. O Rio vai mal. Se tiver alguma bronca, paciência. Essa merda dessa reforma do governo tem que ir pra frente, cacete. Nunca vi rico tão miserável quanto agora. Até uma casa daquela tem um portão vagabundo que abre com gambiarra. É mole? Rico tem que voltar a ter dinheiro, andar de carrão. Se não, é melhor a gente mudar de ramo."

"Nada disso me é estranho. Se eu te contar que já vivi um episódio similar lá no Fundão, você acredita? Fui bater na Ilha do Governador e foi um suplício. Até hoje isso me eletriza, me tira do prumo. Você não veio aqui para receber parabéns, mas eu acompanhei cada pedacinho do relato e acho que você merece um abraço bem forte. O mais importante nessas horas é não se deixar dominar pelo Eu-Criança. Sei que é fácil dizer, difícil mesmo é agir de conformidade no calor do momento. Mas você foi magistral. Passou credibilidade, cumpriu as regras e, devagarzinho, foi conduzindo-os para a porta da rua. Imagino que apontar a menorá que foi de sua mãe deve ter sido doloroso. Mas vá ver que foi para isso que ela te deu de presente. Para que você pudesse tirar o perigo de seu quarto e convencesse os caras a terminar a operação. É impressionante que tudo isso tenha ocorrido há menos de uma semana e você esteja tão bem, pensando na vida com otimismo. Viva o Eu-Adulto. Não se sai disso sozinha facilmente. No meu caso, ainda tenho momentos de pânico, coisas diversas podem desencadeá-los. Acho que você está bem, não mude suas rotinas, mantenha sua medicação, foque nas metas, no seu plano de voo. E fique atenta aos sinais do corpo. Você merece um drinque. Nossa!"

"Eu pensava em tudo e em nada ao mesmo tempo. Primeiro ficava grata por não ter minha filha por ali. Muito menos um filho porque sabe-se lá que reação o esquentadinho poderia ter. A preocupação era a respiração. Eu tentava trazê-la para o diafragma, usando a técnica da ioga. Acho que isso me ajudou. Deles eu só via os pés. Um era alto e o que estava fuçando os armários era baixinho, ou pelo menos foi a essa a impressão que me ficou. O alto tinha um sotaque familiar, acho que do Sul. O baixinho era daqui mesmo e me ameaçava de vez em quando. Eu estava apavorada, claro. Foram quarenta minutos contados, é tempo demais. Desde que eles me sentaram à entrada do banheiro, diante do closet, eu só pensava em tirá-los dali. Não me agradava que a cama estivesse por perto, acho que você me entende. Tudo o que eu indicava, eles já tinham descoberto e isso me deu credibilidade. Eles custavam a entender que eu sou uma mulher simples, apesar da casa vistosa. Até que lembrei da menorá da mamãe. Então fomos até a sala e dali eles sairiam, pelo menos essa era minha esperança. Acho que eles pensaram que era de ouro, que valia uma fortuna. O altão perguntou muito sobre Rolf, meu protetor, tadinho. Ele gostava de cachorro. Quando eles saíram, eu liguei para mim mesma. Eles tinham deixado o celular numa gaveta da cozinha. Eu tremia e chorava muito. Quando Jairo chegou, eu disse que não queria chamar a polícia, mas ele insistiu, falou em subnotificação, essas coisas do mundo dele. Já foi, está passando. Quer outro café? Eu quero, sim. Só de falar, eu começo a suar. Será que ainda é a menopausa? No meu caso, o médico desaconselhou reposição hormonal. Vou continuar pingando que nem chaleira mais um tempo."

"Na segunda-feira, eu fui lá pra receber o pagamento, recolher os sacos de folhas secas e os galhos da poda. Estranhei quando vi um carro da Polícia Técnica na porta. O que tinha acontecido? Estranhei ainda mais quando a dona Sulamita me chamou na cozinha e contou do assalto. Só quando ela perguntou se eu conhecia bem os caras que eu tinha levado como ajudantes, é que eu entendi aonde ela queria chegar. Fui sincero quando disse que ficava triste porque trabalho para a família desde os tempos da mãe dela, que morava ali perto. Mas defendi os meninos que trabalhavam comigo. Disse que eram direitos, pelo menos até onde eu sabia. Ela pediu o nome completo e o número do documento de cada um. Era uma exigência da polícia. Passei o caminho de volta pra casa pensando naquilo. Salatiel é primo de minha ex-mulher e sei que é certinho, religioso e nem sequer bebe mais. Já o tal Aglailson eu conheço menos, mas é um cara divertido, desses que trabalham assobiando.

Nesse dia lá, ele tentou brincar com o cachorro, mas a coisa não rolou. Quando pedi o número do documento, ele deu na hora e quis saber se a patroa estava bem. Já Salatiel fez corpo mole. Teve até uma reação esquisita, dizendo que a Igreja dele não admite a desconfiança. Que eu fosse pedir ao pastor que aí ele dava. Fiquei quieto e ela não voltou a insistir. Esperto a gente tem que ficar sempre, mas fiquei chateado. Se ela não me chamar para a poda de fim de ano, vou saber que fui cortado. Tomara que não porque o jardim é muito bom de fazer e ela não regateia."

"Eu hoje passo a maior parte do tempo deitado numa cama de borracha azul, que fica na porta que liga a sala ao jardim. Ultimamente eu já não passeio pela casa. Também não brinco mais com os passarinhos do jardim. Meu latido ficou mudo e a visão é turva, e ainda bem que o faro me guia. Dia desses chegaram dois caras, um deles cheirando a cigarro. Achei que fossem os amigos de meu dono que mora longe e fui lá fazer festa, mas eles não deram bola. Foram fazer conserto no quarto da minha dona, mas eu não subi a escadinha porque estou cada dia mais cansado. Todo dia levo injeção e já não me dão maçã, que era a fruta de que eu mais gostava desde o tempo em que vivia aqui com minha mãe, de quem fui o filho favorito. Quando minha dona chegou, ela foi com um dos homens para o quarto. Eu fiz um esforço e fui junto porque gosto de ficar com ela. Ela estava com cheiro de peixe e muito suada porque ela sua muito. Ela ficou sentada num banquinho com um pano na cabeça e eles tentavam achar as coisas, como ela fazia comigo com a bolinha. Quis brincar, mas senti cansaço e sentei. Quando eles saíram, o cheiro dela era diferente. Eu fiquei por perto e ela gritou no telefone. É sempre bom um pouco de movimento."

"Depois que tudo passou e o amigo dela já tinha viajado, fui ficar uns dias no Rio. Pela primeira vez, minha mãe me puxou para o *shabat* da sinagoga. Sabendo que eu não tinha nem um lenço pra botar na cabeça, trouxe uma quipá na bolsa. Vamos lá, seja um bom menino! Na saída, a gente se encontrou com o primo Luís, cada dia mais fora de órbita. Aí ele disse que tinha sabido do assalto. Eu fiz uma cara de que aquilo eram águas passadas, que agora estava tudo bem, mas ele insistiu em dar o recado dele. Minha mãe falou do papo da delegacia, da diferença entre o roubo e o furto. Mas ele quis mostrar erudição, como sempre tenta desde que virou religioso. Disse que aquilo tinha sido *gazlan* porque o crime foi cometido à luz do dia. Que se fosse *ganav* era mais sério. Porque agindo furtivamente à noite, os ladrões mostram que só temem as pessoas, e não o olhar do Todo-Poderoso. Como se isso fizesse toda a diferença para a polícia! Para ficarmos livres dele, chamei pra comer um cheeseburger na Lagoa. Ele riu sem graça e fiquei só com minha mãe. Ela saiu disso mais confiante. Só lamentou pela menorá da vovó, mas disse que sacrificá-la evitou o pior. Não duvido que agora ela vá querer mudar de casa. Já é tempo."

Prospect Park

Tantos anos passados, jamais voltaria a pensar em Malka Geld se a curiosidade não tivesse feito com que fosse fuçar nos arquivos digitalizados à procura de um ensaio do rabino Laub, residente em Safed, na Alta Galileia, sobre os bastidores do mercado editorial brasileiro no final dos anos 2010, começo dos 2020.

Segundo me comentou o sobrinho de Paul Auster, que é meu vizinho de bairro e se tomou de amores pelas letras da América do Sul muito cedo, Laub escrevera uma síntese espirituosa sobre aquela época meio híbrida em que a literatura do País tivera bem poucos expoentes, além dele próprio. Dentre estes, segundo o artigo, só sobreviveriam ao tempo o mineiro Evandro Affonso Ferreira, menos conhecido do grande público, e Cristóvão Tezza. Com a diferença, aqui fundamental, de que este alçou voo internacional de verdade depois de ganhar um Prêmio Nobel que surpreendeu meio mundo, a começar por ele mesmo. Já velhinho, aliás, lembro que recebi-o aqui no apartamento de Prospect Park e, de tão boa que foi nossa conversa, Tezza foi o único visitante que ouvi além da meia-noite, brindando com boa cerveja irlandesa, o que quase nunca faço. "Sou só um bibliófilo, Cristóvão, uma dessas almas com eterna carência de letras.

Até tentei escrever minhas memórias, mas tive o bom senso de desistir antes de concluir o primeiro rascunho."

Discreto, Tezza não me deu espaço quando, cedendo à impulsividade que aprendi a cultivar nos anos que vivi no Brasil, perguntei-lhe sobre o filho especial, figura central do livro *O filho eterno*. "Como vai ele?" "Bem, obrigado." Ato contínuo, desconversou, observando que jamais vira tanta neve quanto aqui no Brooklyn. "Não chega a ser uma Sibéria. Mas seu motorista saberá levá-lo em segurança de volta a Manhattan." Tirando este tópico, em que o recato é compreensível, ele discorreu sobre todos os outros com alegria e autoridade. Foi direto e informal até o fim, o que nem sempre acontece com todos os laureados.

Mas é bom que eu retome o fio narrativo. Como venho constatando ultimamente, a idade tem prejudicado minha capacidade de contar bem uma história, tantos são os parênteses que vou abrindo à medida que a empolgação subjuga o que me sobrou de racionalidade e clareza. Pensando bem, isso é de somenos na medida em que nunca me arvorei de ser escritor, apesar de ter vivido muito entre eles. Não tenho dúvida de que esse gosto foi adquirido nos tempos em que trabalhei com Geert Van Melle, um homem de saúde de ferro, vivo até hoje, e que exsuda *savoir faire* nas três casas que mantém mundo afora, de onde pilota um pequeno império. Voltarei a falar dele logo mais.

Pois bem, como dizia no começo, Malka Geld estava fadada a total esquecimento até que vi seu nome ao pé da página virtual, em enquadramento escuro: "Chevra

Kadisha – Associação Cemitério Israelita de São Paulo – Malka Geld Z"L - Yahrtzeit". Então quer dizer que só fazia um ano que falecera? Cá no íntimo, me alegrei por ela. E deplorei que a tivesse julgado morta antes da hora, o que me impediu de tentar um contato. Pois da forma como a conheci, nas circunstâncias tão únicas daquele verão de 25 anos atrás, achei que Malka não se aguentaria por muito tempo. Era como se houvesse uma bomba-relógio dentro dela. Hoje me pergunto: como será que atravessou um quarto de século desde que nos despedimos? Como contornou os transtornos íntimos que pareciam afligi-la? De intensas que foram as situações, tenho pensado bastante nela. Por um momento, cheguei a vê-la como uma companhia promissora até enxergar que com ela, a decepção amorosa era inevitável. Tomei uns tantos drinques por conta desse descompasso.

Geert Van Melle era um holandês bem apessoado e, podemos dizer, um desses banqueiros de sangue batavo que farejava negócios no mundo todo. Na virada de 2019, na verdade, depois de multiplicar uma fortuna que todos já davam por gigantesca, achou que o ambiente de negócios em São Paulo começava a despontar como especialmente atrativo. A eleição de um Governador que ele conhecera num fórum de debates na Ásia, soou como música visto que, depois de passar a década anterior distante do Brasil por achar que o populismo sangraria a América Latina, sentiu chegada a hora de realizar alguns de seus sonhos secretos.

Tendo feito esse diagnóstico, que a realidade não desmentiria de todo, Geert comprou uma casa confortável, equidistante das avenidas Paulista e Faria Lima, e dali passou a operar seus negócios mundo afora. Atuante nas principais bolsas, industrial de tabaco na Indonésia, acionista de duas companhias de energia elétrica do Sudeste Asiático, concessionário de rodovias na América do Sul e protagonista da mineração desde a Sibéria até Angola, Geert mal tinha completado 60 anos e queria a todo custo se enfronhar na comunidade de negócios paulistana.

"Esse estado tem metade da riqueza nacional. É um híbrido do Texas, Califórnia e Nova York ", repetia. Com as pessoas certas, acreditava que realizaria seu sonho de juventude de plantar frutas no vale do São Francisco, no semiárido do Nordeste, e de ganhar dinheiro com a ampliação da infraestrutura do continente. Hoje, no vigor da velhice, mas com o tônus de um desportista eternamente bronzeado, Geert ainda se empolga quando fala do Brasil, onde viveu meses a fio, mesmo quando o mundo parou.

Nessa época, sem jamais ter tido as ambições do meu futuro chefe, eu também já tinha virado noites como diretor de uma das mais reputadas consultorias do mundo – para não dizer a melhor – e, por razões que não eram as mesmas que o moviam, também tinha me estabelecido em São Paulo. Quando nos encontramos num coquetel na casa do Governador, Geert sugeriu que jogássemos golfe no fim de semana, convite que aceitei de pronto. Durante o almoço à beira da represa, ele me deu conta de seus planos e não hesitei em lhe abrir meus contatos. Nossa sintonia foi total e eu sabia que a vida dali em diante mudaria.

Chegando ao meu escritório dias mais tarde, ao cabo da semana de Ação de Graças que vim passar com meus filhos em Nova Jérsei, compareci ao endereço dele, uma espécie de *family office* no bairro do Itaim Bibi. E foi lá que ele me apresentou à vistosa Malka Geld, sua assessora especial. Confesso que dada a indefinição de título ou da posição que ela ocupava na hierarquia, pensei que se tratava de um caso, muito embora ele tenha me parecido pragmático demais para perder tempo com isso. Ademais, sendo casado com uma patrícia holandesa de enorme charme e estonteante beleza, deixei que o tempo me explicasse que papel efetivo Malka Geld tinha encontrado no universo daquele homem efusivo e culto, tão sagaz quanto agradável - uma combinação nada trivial.

Mas logo percebi que Malka não gostou de mim. Fria à minha presença nas reuniões do Conselho informal que passei a integrar, era visível que Geert não tinha qualquer interesse sexual naquela mulher alta e imponente, de cabelos bem encorpados e trigueiros, dentes protuberantes mas bem cuidados, e uma ossatura vigorosa, sólida como marfim. Para não dizer que suas proporções eram perfeitas, tinha sim o que se chama de quadris rebaixados. A falta de nádegas polpudas– lacuna grave no Brasil, que as cultua como fetiche nacional –, descobria-lhe a bunda vez por outra, especialmente quando se levantava bruscamente, deixando ver uma calcinha rendada minúscula.

Apesar desses predicados, nem tudo ia bem para Malka Geld. Tinha dias em que chegava ao escritório transfigurada. De cútis pálida e sem a mais leve sombra de maquiagem, a mulher de mais de 50 anos se apresentava de rosto lavado. Os olhos de um castanho banal, eram belamente amendoados. Mas nos tais dias terríveis, vinham tarjados por olheiras de insônia. A bem da verdade, até o hálito de Malka se ressentia de seus maus períodos, quando via-se que sucumbira a muitos demônios. De mentolado e cálido – para quem não sabe, os brasileiros são muito tácteis e, mesmo os arredios, se aproximam ao falar —, o seu hálito ficava pestilento, se estava mal.

Na verdade, se tive algum entusiasmo por Malka, confesso que logo desvaneceu. Amigos que fui apresentando a Geert, que logo eram expostos aos apertos de mão distantes dela, chegaram a me dar piscadelas, achando que nós estávamos tendo algum envolvimento. Eu desconversava e, para não levar o bônus pelo que não tinha merecido, explicava que era uma mulher bem nascida e preparada; solteira e desimpedida. Mas não me furtava a segregar aos mais próximos que Malka tinha uma dimensão inexplicável. E desconfio que minhas inconfidências tenham chegado a ela.

Malka tinha o péssimo hábito de dar um sorrisinho ao cabo de cada frase, e de sussurrar pelos corredores como uma beata em ato de contrição. Ora, eu não precisava ser mestre em psicologia para inferir que aquela mulher era uma das figuras mais inseguras que eu conhecera na vida. Esse traço inexplicável ficou patente quando vi que ela interrompia qualquer pessoa que estivesse ganhando a atenção de Geert por mais de trinta segundos.

Tanta tutela não conhecia limites. Até Margrit — que ia para além de ser a companheira de um homem vitorioso — foi interrompida por Malka ao sugerir que fizéssemos um programa em família no sul do Brasil. "Desculpe, Margrit, mas Geert não vai poder ficar lá até o domingo. Já pedi o avião para voarmos para a Bahia logo cedo, onde ele vai visitar um projeto de agricultura irrigada." Conciliador, nosso chefe disse então que iria pensar. Naquele dia, Malka entrou na lista negra da família.

Antes disso, quando a vida voltava ao que se chamou à época de novo normal, sugeri a Geert que fôssemos à Rússia prospectar algumas oportunidades na área de energia e mineração. O petróleo tinha disparado. Geert tinha excelentes relações com Roman Abramovich. Ademais desse elo, também já tinha estado com Putin. Uns dias em Moscou seriam positivos para os negócios. Quando ventilamos o assunto, Malka não deixou que eu terminasse o raciocínio. Com um vigor inusitado, levou-me até o pavilhão da piscina e tentou me enquadrar.

"Geert é um homem ocupado. Está ansioso para retomar a agenda. Ele não pode perder tempo com prospecções na Rússia. Além do mais, é uma conexão perigosa porque Putin pode cair em desgraça e isso respingaria na imagem dele. Geert precisa cuidar da saúde, dormir cedo e confiar nas pessoas que estão com ele há mais tempo. Eu sou uma estrategista de negócios e queria ser ouvida como tal. Trate de me respeitar."

Tentei argumentar que Geert era homem de grande sagacidade e pragmatismo, como sabem ser os holandeses. Que a mãe dele já fizera um bom trabalho. E que ele não precisava da tutela dela, até onde eu podia ver. Furiosa, ela disse que era sim uma mulher de índole maternal. E valendo-se de um tom que levaria Geert a dar boas risadas quando lhe contei o episódio, murmurou entredentes que eu verificasse melhor quem era ela antes de desautorizá-la em público. Louca, pensei.

Semanas depois, para minha surpresa, vi Malka Geld pela última vez no escritório. A essa altura, já corria a história de que sua instabilidade emocional era lendária. Dias após a demissão, como se por obra de um milagre, arrefeceram os sussurros, os cochichos irritantes e as panelas de fofoca tão comuns nos ambientes corporativos brasileiros, onde impera a relação interpessoal. Jantando com Margrit, ela me confessou que jamais apreendera de todo as contradições de uma mulher que passou a vida a urdir laços de poder. Observadora mais arguta do que eu imaginava, Margrit diagnosticou tudo com clareza solar. E arrematou: "Ela seria um prato cheio para uma terapia. Na verdade, ainda é tempo."

Quando um dia encontrei com um familiar seu que já fora conselheiro de Geert e quis saber dela, ouvi uma resposta desconcertante. "Malka tem um filho. Não sei se você sabe, mas ela passou três anos morando na Bélgica. Lá ela casou com um nobre chamado Paul de Bolle. O casamento não durou. O nome do rapazinho, aliás muito bem sucedido, é Geert. Daí que quando soubemos que ela achou um chefe com o mesmo nome do filho, ficou claro para todos nós que afloraria uma relação maternal. Relação que ela não pôde ter com o próprio filho por razões diversas". De repente, tudo para mim ficou claro.

Quanto a Geert, nosso chefe, ele não deu a mínima para essa versão. Só sorriu e acendeu um daqueles charutos horrendos que recebia de Sumatra. "Tenho saudades da Ásia, sabia? Lá, Freud não entra."

Hoje em dia, mal saio da velha casa de Prospect Park. Atendendo a convite de amigos, vez por outra vou a Manhattan para participar de um jantar beneficente. A essa altura da vida, nada me agrada tanto quanto um passeio ao Jardim Botânico do Brooklyn e, duas vezes ao ano, levo meus netos para um almoço domingueiro no Peter Luger, onde os vejo comer com prazer os steaks monumentais que já integraram minha rotina semanal.

No inverno, acendo a lareira em novembro e ela mal terá trégua até as primeiras semanas de abril. Moritz, o ucraniano, se encarrega dos serviços de casa. E Nadia, a romena, cuida da cozinha frugal e da arrumação, duas vezes por semana. Meu espaço favorito é o da biblioteca onde já recebi escritores ilustres. Poucas conversas podiam ser tão agradáveis quanto as do *causeur* Vargas Llosa e, por incrível que pareça, desfrutei com alegria do humor corrosivo do sul-africano J.M. Coetzee, ambos infelizmente já falecidos, um deles de forma tão tola. Ter sido amigo de Paul Auster e Siri Hustvedt —que têm a cara deste bairro que amo — ainda é motivo de grande orgulho. Dia desses, vi Siri num café, mas não a forcei a me reconhecer. E depois, que diferença fazia? Quanto a Roth, tenho certeza de que morreu em paz consigo mesmo e, acreditem em mim, ele já não vinha dando a mínima para o reconhecimento supremo de sua obra, como tantos trombeteavam.

Hoje nevou uma enormidade em pleno mês de abril. Moritz saiu de sua habitual discrição e me perguntou o que me atormentava. Íamos de carro até a ponta de Brooklyn Heights, de onde sempre gostei de admirar o perfil de Manhattan. Contei-lhe que lera num obituário a nota de falecimento de Malka Geld, uma velha conhecida. "Entendo como se sente, senhor. Sei o quanto os afetos passados deixam marcas."

Ainda pensei em dizer que não era nada disso. Que Malka fora só uma mulher infeliz, e que eu jamais cheguei a ter real proximidade dela. Como, de resto, de mulheres em geral. Mas ao perceber que isso poderia decepcioná-lo, preferi que acreditasse em seu próprio enredo.

Depois de um longo silêncio, Moritz comentou: "Essa senhora talvez não tenha sido feliz na vida". E sem que eu perguntasse a razão de diagnóstico tão acurado, ele se saiu com uma explicação divertida: "Na língua de meus avós, sei que Malka significa rainha. E Geld, não preciso esclarecer para um germanófilo como o senhor, é dinheiro. Pode alguém que nasceu sob a injunção desses nomes encontrar paz verdadeira nas alegrias terrenas? Ou não será que passará seus dias à procura de plutocratas?"

Ri com a *trouvaille* e pedi que voltássemos para casa. No fundo, amo saber que nunca mais sairei de Prospect Park. Sequer depois de morto.

Um elefante em Ginza

O que você está oferecendo é muito pouco para que eu lhe dê as melhores respostas do mundo, para ser bem franco. Veja só o exemplo do jornal que paga seu salário. De vez em quando eu entro no site para acompanhar uma matéria. E o que acontece? Depois de ler apenas a manchete e mais cinco linhas, vem um aviso de que a partir daquele momento você só conseguirá ir até o fim da reportagem se fizer uma assinatura digital ou se, pelo menos, passar seus dados para fazer jus a mais duas ou três leituras bonificadas. Elas são como o amendoim salgado no bar. O comerciante dá de graça só para você ficar com sede e tomar mais cerveja, não é assim? Pois saiba que eu acho justíssimo que o sistema funcione dessa forma. Só quero que entenda que se vocês vão transformar em dinheiro o que eu vou dizer aqui, é justo que seu chefe lá em Manhattan deixe de ser muquirana e reforce meu saldo bancário, ou o de nossa empresa, ao invés de autorizá-lo, quando muito, a me chamar para jantar num italiano previsível que faz uma comida que nem se compara à que eu tenho em casa, entende? Se quer saber, eu aqui vou sempre comer o Schnitzel do romeno na rua Hayarkon, e já me dou por satisfeito. Mas, vamos lá, sendo você amigo de Shalev, que é um cara que considero, embora talvez não devesse, vou dar uma pista com base no que percebo. E aqui nem falo desse tal chefão que todo mundo está chamando de novo James Bond porque não tenho ligação sentimental com assuntos institucionais. Mas vou avançar uma teoria comum, dando um exemplo tão bobo que você vai achar que sou idiota, o que não me perturba. Na verdade, quanto mais simples for o paradigma, mais dá o que pensar. É assim que nos ensinam no Mossad, instituição que os jornalistas como você tanto veneram. Acompanhe meu raciocínio. Sou casado com uma italiana. Uma vez ela foi com umas amigas a Roma passar quatro dias de férias. Então entraram na loja da Gucci, uma grife onde tudo custa os olhos da cara. Provaram as bolsas, perguntaram preços e ficaram testando modelos diante do espelho. Era muito mais para fazer graça do que para comprar. Como era já bastante tarde, as vendedoras disseram que precisavam fechar. E que, se elas quisessem, voltassem no dia seguinte. Minha mulher tinha dependurado uma bolsa caríssima no ombro para ver como ficava. Com o alvoroço do fechamento, elas saíram e o vigia fechou as portas. Chegando à Via Veneto, já tomando seu Negroni, o que aconteceu? Uma das amigas percebeu que Serena tinha levado a bolsa. Ela não se deu conta, nem a vendedora e nem muito menos o vigilante. Conclusão: quando o absurdo é grande demais, poucos se apercebem. Você acha que está vendo um filme, que aquilo não é real. É assim que falsos clientes se evadem a bordo de uma Ferrari à porta de um grande restaurante. O manobrista não acha que um ladrão vá ter a cara de pau de sentar ao volante de um carro caríssimo que não é dele, agradecer com um sorriso, dar 50 euros de gorjeta, e sumir na

Kurfürstendamm rumo à Polônia. Ora, eu já trabalhei em Tóquio com o adido militar de Israel. Meus colegas aqui talvez possam atestar isso com mais conhecimento de causa, ou mais ciência comportamental se você preferir, mas tenho uma coisa a dizer. Os japoneses são muito meticulosos ao examinar o detalhe do que lhes é familiar. Eles veem a formiga num imenso panelão de arroz de sushi. Mas não conseguiriam enxergar um elefante atravessando uma rua de Ginza. Pensariam que estavam de porre, desviariam o olhar, se beliscariam e, por fim, iam pedir autorização ao superior para fotografar o fenômeno. Temendo o ridículo nesse meio tão homogêneo e codificado, ninguém vai gritar: olha, tem um elefante a caminho de Akasaka, ele vai passar ao lado do Palácio Imperial, parem-no enquanto é tempo. Não. Foi isso o que aconteceu com o novo herói de vocês. E aqui já nem digo que uma conexão Yakuza tenha comprado a cumplicidade de um elemento chave da burocracia. O fato é que ninguém ali acha que você vai contrariar uma ordem legal a céu aberto, num aeroporto de Kansai, e de lá voar para a liberdade dentro de uma caixa de instrumentos musicais. Pense nisso. Vamos ali comer o Schnitzel do romeno? Vou deixar você pagar. E se você fizer as perguntas certas, talvez eu ainda lhe dê a graça de mais umas respostas enquanto almoçamos.

Veja, Morgenstern, você fez um longo caminho desde Nova York e não sei se está indo para Beirute ou se já está voltando de lá. Mas o que posso garantir é que pelo cheiro que está exalando, você foi comer no tal romeno da rua Hayarkon, o cunhado de Hagai. Acertei?

Se você não se incomodar, vou abrir a janela para arejar a sala. Não é frescura de mulher, é porque esse cheiro não é das melhores tradições deste escritório, apesar de nos divertir um bocado. Sei que nosso inverno mediterrâneo não é nada comparado ao que vocês têm lá em Manhattan, logo vou escancará-la ao máximo. Vamos lá, não sei se Hagai disse, mas aqui tratamos de negociações interculturais. Modéstia à parte, nenhum país está tão aparelhado para isso quanto nós em Israel, e é talvez por essa razão que você nos tenha procurado. Neste escritório, negociamos sequestros em São Petersburgo, casos de extorsão na Colômbia, exfiltração de contaminados de Wuhan, venda de aviões militares para a Índia e arbitragem no interior da China, acredite se quiser. Pode ser entre um comerciante do Cazaquistão e um industrial de Xangai. Em nosso quadro fixo, somos apenas 12 associados. Juntos falamos 27 idiomas e já estivemos em oitenta por cento do planeta - quase nunca a passeio. Mas temos uma estrutura terceirizada que acionamos a pedidos, que é oriunda de 34 países e que triplica nosso expertise objetivo em vários domínios. Não posso descer a detalhes, mas sempre que isso não afetar as leis deste país, podemos extrapolar nossa competência e, por exemplo, explodir um cativeiro em Sumatra para colocar um executivo holandês em segurança em Cingapura. Vamos agora a seus fatos. Os detalhes que conheço desse francês - ou é brasileiro ? - que está agora no Líbano depois de escapar do Japão, são os de domínio público, vamos dizer assim. É certo que os japoneses foram muito ingênuos - como só eles sabem ser certas horas - ao deixar um homem sagaz e articulado sem o monitoramento eletrônico. E por que eles não fizeram isso? Porque lá eles têm a mentalidade ilhéu típica. Não tendo fronteira seca, eles partem do pressuposto de que são uma fortaleza inexpugnável, que se alguém tentasse sair dali seria devorado pelos tubarões do Pacífico ou algo assim. Essa noção espacial limita a fantasia, tolhe o imaginário, o que resulta na grande falha educacional deles. Treinados para passar em provas e nos concursos de uma sociedade ferrenhamente competitiva, falta-lhes capacidade de abstração. É como o famoso círculo de giz em torno do peru. Ele exerce o poder de um campo magnético e o bicho não ousa transpô-lo. Está entendido? Antes que você faça sua próxima e última pergunta, já vou dizer que nós fomos consultados sim pela parte interessada, no caso por dois libaneses com meneios franceses. Ou, pelo menos, temos boas razões para achar que fomos. Temos tratativas com alguns países com que Israel não mantém relações diplomáticas e aí jaz um filão de muitas oportunidades, dessas que não saem na imprensa. Com o Irã, a Arábia Saudita e, acredite, até com a Síria. Isso porque nesses casos, voamos fora do alcance dos radares midiáticos, se é que você entende o que estou dizendo. Pois bem, há poucos meses, eu própria fui a Chipre para uma sessão de aconselhamento com dois indivíduos muito objetivos e discretos, que nos pediram um desenho geral de um plano de exfiltração de alguém na Coreia do Norte. Logo percebemos que ainda não era lá que eles queriam chegar. Sentimos que eles queriam colher fundamentos gerais, e que o verdadeiro teatro da operação seria outro, provavelmente também na Ásia, mas não em Pyongyang. Então falaram da China e do Japão. Eu me fiz de desentendida e pedi para ilustrar o caso do Japão, até para lhes facilitar a vida e ganhar a confiança. Sugeri vagamente que se há uma época de desmobilização dos espíritos, esta é a do *ganjitsu*, ou dia de Ano Novo. Não é romantismo de uma judia saudosa do tempo que viveu lá, acredite. É que enquanto as japonesas botam *kadomatsu* no portãozinho de casa, aqueles lindos pinheirinhos, meio país só pensa nas 108 batidas do sino, da crença budista de que são 108 as paixões humanas terrenas. Nos templos, os japoneses fazem oferendas de *kagami mochi*, que são bolinhos de arroz. Ou seja, o que eu quero dizer é que dezembro é uma época de guarda baixa, digamos assim. Você tem as *bonenkai*, as famosas festas de empresa, e Tóquio fica deserta. Nada do que eu falei aos sisudos de Beirute parece ter causado muito impacto. Eles trocaram olhares, mas tive a sensação de que estavam apenas buscando subsídios para uma decisão já tomada. Passei nossos dados bancários em Londres visto que eles não podem fazer transações do Líbano para Israel, e, na mesma tarde em que cheguei ao aeroporto, vi que nossa conta em libras esterlinas tinha engordado um pouquinho. Quando soube dos eventos pelo noticiário, pensei neles na hora. E lamentei que não nos tenham contratado para azeitar alguns elos. Podemos ficar por aqui? Boa viagem.

Ninguém me disse o que devo ou não discutir contigo. Só me disseram que você é dos grandes de Nova York, de meu jornal preferido. Da lavra de David Brooks e de Roger Cohen, que é meu amigo e fala ótimo português. De maneira que vou acreditar nisso tudo e quero jogar aberto para que você não perca a viagem e leve alguns elementos para sua investigação - nem que para isso trabalhemos de graça por uns minutos. Eu sou Kochman e integro nosso núcleo Brasil & América Latina, como chamamos. Temos clientes que estão interessados na privatização da infraestrutura, energia eólica, sistema Eletrobras e assim por diante. Não fazemos lobby no sentido clássico, mas acho que já lhe disseram que assessoramos os players a se entenderem para além das diferenças de cultura, de abordagem, de objetividade. Esse caso que veio à baila recentemente e que você anda investigando, me toca de perto porque o cara em questão é brasileiro como eu. Que ninguém nos ouça, mas gostei bastante do desfecho. Peço reserva porque aqui somos instruídos a não demonstrar simpatias além da medida, muito menos por feitos individuais de patrícios. Mas sendo eu de São Paulo, e tendo já trabalhado com japoneses nos primeiros estágios de minha vida, posso te dizer que não foi pouca coisa aguentar a pressão diabólica que eles devem ter feito para fazer fraquejar esse figurão. O meio profissional do emprego público no Japão é prestigioso e muito competitivo. Os procuradores devem tê-lo azucrinado durante meses, loucos para se tornar heróis nacionais. Vou contar um fato ilustrativo. Lembro de um cara de Bastos, interior de São Paulo, epicentro da colônia japonesa, cujo pai tinha sido da tal *Shindo Renmei*, uma seita de fanáticos que eram contra a rendição do Japão na Segunda Guerra. Para eles, o certo era lutar até o fim pelo Imperador e morrer como *kamikaze*, se preciso fosse. Eles chegaram a matar gente lá na roça por conta disso. O sonho confesso desse personagem era o de se tornar gerente, era ser um super *kasho*. Nos tempos em que trabalhou conosco, ninguém jamais chegou antes dele ao escritório e poucas vezes alguém saiu depois. Ninguém era tão aplicado e ninguém professava ao chefe maior fidelidade. Diziam que ele bebia bem e que muitas vezes emendava um dia no outro, sem sequer dormir, vagando de bar em bar. Mas jamais faltava ao trabalho, nem que o paletó estivesse encardido. Era um sujeito de tremenda brutalidade com os funcionários subalternos, mas muito amigável com os pares, e quase subserviente com os superiores. Trabalhar com ele tinha um lado infernal, apesar dos bons resultados que trazia à operação. Não há dúvida de que ele se achava ungido de uma missão. Idealizava um futuro para o filho que, só de ouvirmos aqueles delírios, dava até pena do garoto. Complexado, baixinho, arredio às conversas sociais com as meninas até nas confraternizações, nunca vi alguém tão sedento por reconhecimento, por um afago, por um elogio de público. Agora imagine você um exército de caras desses, alguns movidos a devoções obscuras, tentando encurralar um ocidental. Do que falo quando digo motivações sinistras? De tudo. Digamos que um tio de um desses procuradores foi demitido da empresa que o fugitivo presidia e depois disso, com a perda da identidade que a corporação lhe dava, tenha se matado. Como se opera este fato no íntimo de um cara desses? Ora, ele é capaz de jurar no túmulo do falecido que vai vingá-lo do ultraje feito pelo *gaijin* que chegou ao país mais homogêneo do mundo para sacudir a ordem estabelecida, a começar pelo emprego vitalício, e assinar um tsunami de demissões. Ora, se o cliente não se reconhece culpado na primeira alegação, e não assina a confissão que os procuradores redigiram previamente, eles frustram o relaxamento da prisão preventiva com a abertura de um novo processo - o que estende o prazo do cárcere cautelar por mais um tempo. E assim vão fazendo até a pessoa desmontar. Pois bem, dessa vez eles pegaram o cara errado. A indústria do ódio, da execração, do linchamento público, pode ter desmoronado. Essa fuga os humilha, apesar de para alguns deles ter sido um alívio. Alívio porque tinha 1% de chance do réu ser inocentado, e isso os desmoralizaria. O indiciado vivia bem, fora tido por um semi-deus no próprio Japão quando os procuradores ainda engatinhavam na carreira, e destruir um ícone é o sonho dourado de todo burocrata de carteirinha. Então, cara, só posso pensar no japonesinho lá de Bastos que pisava no pescoço da mãe por um elogio, que não perdia chances de cagar regras e de ser palmatória do mundo. Tudo é possível daqui para frente. Mas por enquanto, eles estão perdendo a batalha. A perda de face é uma morte em vida no Japão. É o que chamamos em linguagem técnica de um *cultural black hole*. É um conceito central à vida japonesa e tudo gira em torno dele. O brasileiro saltou da frigideira com óleo fervente bem na hora certa.

Eu não quero o senhor aqui entrevistando nossos consultores, Mr. Morgenstern. Não tome isso como pessoal. Pelo contrário, Gal até que achou-o muito simpático e Hagai gosta de todo mundo que aprecie aquele Schnitzel de terceira. Já Kochman ama uma conversa, o que é bem do feitio de brasileiros como ele. Minha ressalva se deve a que o caso está aberto, e pode ter muitos desdobramentos em que talvez venhamos a ser consultados. Nessa hora, qualquer exposição midiática, contrariamente ao que pensam os colegas com quem o senhor conversou, prejudica mais do que agrega aos negócios. Eu, se estivesse no seu lugar, me ateria aos fatos para compreender o contexto. E então escreveria a matéria. O primeiro fato é que esse senhor é de ferro. Sou ex-militar, como a maioria dos nacionais deste país, e sei do que falo. Os japoneses escolheram um indivíduo de exceção para imolar ao altar de um moralismo de fachada, voltado para lavrar um destrato cínico, para desfazer um negócio que já não lhes convinha. Não é qualquer um que aguenta uma prisão em regime incomunicável, e em momento algum assina o pergaminho da confissão que a procuradoria redige com requintes de cálculo. O cara é refém, como num sequestro. Não é réu! Segundo, imagine uma pessoa que dava a honra de jantar em sua companhia a chefes de estado do mundo todo, ficar sujeito a dormir num *futon* sob luz acesa e, ainda por cima, de cara virada para a grade para facilitar o serviço do carcereiro. É fácil? Quanto tempo o senhor aguentaria, Mr. Morgenstern? Terceiro, os sujeitos o obrigaram a comparecer a uma única audiência pública de mãos atadas às costas, calçando chinelos de plástico - tudo feito para quebrar resistências e satisfazer o capricho de uns maníacos, de uns obcecados, a serviço de um jogo maior, cheio de traços nacionalistas obscuros. O que esperavam? Que o sujeito aguardasse bovinamente um julgamento em que as chances de condenação batem os escores das eleições do Iraque de antigamente, ou seja, de mais de

98%? Isso é o que se chama de *character assassination*, como o senhor deve saber. Quarto, eles jamais deveriam tê-lo privado da companhia da esposa, quando passou para o cárcere privado. Nem que o casamento tivesse sido na capela do bairro, não precisava que tivesse sido em Versailles. Sabe-se lá o que um homem enamorado é capaz de fazer, Mr. Morgenstern. E uma mulher também, é bom que se diga. Mesmo porque ela foi exemplar nessa história toda. Quinto e último, ele sabia que a diferença entre ficar lá e tentar sair era quase a mesma que há entre a vida e morte. Aliás, ele se evadiu numa caixa que parecia um sarcófago. Isso tudo para o bem do *corporate Japan*, homogêneo e previsível. Quase imutável no respeito a regras não-ditas. E olhe que ele talvez tivesse até contas a prestar porque estava longe de ser um querubim. Quem não tem suas caçarolas - como dizem os franceses? Mas ora, se ele saísse de lá, tendo nervo para superar os inúmeros obstáculos em que implicaria ser preso à última hora, ele poderia denunciar o sistema. Mais do que tudo, trilhar um caminho de renascimento corporativo ou até na política de Estado. Não dizem que é tão querido no Líbano? Pois bem, se ele se tornar Presidente, eis aí uma chance de termos do outro lado do rio Litani alguém que neutralize o Hezbollah, que fale nossa linguagem e promova a paz entre nossos países. Já pensou que maravilha isso seria? O Líbano não é fácil. Não pense ele que ficará imune a chantagens ou que dormirá sempre tranquilo. Não há tratado de extradição entre Beirute e Tóquio, mas tudo é possível. Lembra quando mercenários levaram Ron Biggs do Rio para o Caribe? Vai ter muito jogo de cena pela frente. Erdogan vai esbravejar para agradar os japoneses mesmo porque o Bombardier escalou no velho aeroporto Atatürk. Tudo isso é apenas cosmetologia internacional. Quanto aos méritos, julgue por si só, Mr. Morgenstern. Cá entre nós, o que tem de errado com uma festa em Versailles? Eu já vi desfile da grife Armani na praça Vermelha, nas barbichas de Lênin. Ora, a empresa que ele presidia era mantenedora do castelo, e ele tinha direito a dar uma festa nas dependências. De mais a mais, um homem dessa estatura não faz distinção cognitiva de espaço público ou privado. A vida dele é a seiva da corporação, daí incorrer em pecadilhos ocasionais. Não é um caixeiro viajante que economiza nos vinhos para levar o troco das diárias para casa. É um estadista maiúsculo. A atitude francesa é um mistério. Os tais *patrons* tinham uma inveja visível do maior de todos eles que, para piorar, nem francês de nascimento era - e sim da selva amazônica. Já os brasileiros, que estavam acéfalos de diplomacia, acharam mais conveniente considerá-lo francês. E para os asiáticos, bem entendido, quem tem três nacionalidades, não tem nenhuma. Restou o Líbano que é pequeno demais para olhar essas coisas e tem uma visão clânica das relações interpessoais. No fundo, como reza nosso jargão interno, é tudo uma questão de alteridade. Em iídiche se diz que cachorro que tem dois donos morre de fome. O que quer que aconteça, terá sido um capítulo épico que alegrou o fim de ano do mundo livre em detrimento do *set up* japonês. O senhor era muito menino, ou talvez sequer tivesse nascido, quando um jovem piloto alemão chamado Mathias Rust pousou a bordo de um monomotor na praça Vermelha. Ali acabou a Guerra Fria, ali foi o fim da URSS. Quem sabe o Japão não comece a mudar? A história é feita desses fatos de rodapé. *Kol hakavod.* É o que diríamos aqui à tal figura, ele fez um bom trabalho. Agora, se me der licença, vou acompanhá-lo à porta, Mr. Morgenstern. O senhor já exauriu toda minha ciência com seus ares de quem nada quer. Quem sabe um dia não vai nos mandar seu currículo para ser nosso homem em Manhattan?

Un jardin sur le Nil

O mais difícil na vida talvez seja começar. É o que digo às minhas poucas amigas, é o que sempre disse a meus dois filhos, e era o que dizia ao pai deles, o homem que sumiu de minha vida há tantos anos, mas cujo rosto revejo cada noite antes de adormecer. Acho que isso vale para todos os terrenos – para uns mais, para outros menos. Eu talvez tenha uma história a contar a respeito. Banal para milhões, para mim ela nada teve de trivial. Na verdade, eu tanto poderia contá-la em cinco minutos, em cinquenta, em cinco horas ou em quinze anos, tempo cravado que levo enxaguando a mente na terapia, à espera do eco das respostas no corpo. Não teremos esse espaço de resgate aqui, e o propósito de minha vida hoje não é outro senão vivê-la. Aliás, se paro para pensar na finalidade desse arrazoado, a conclusão básica é a de que nada tenho a ganhar em dizer o que vou dizer. Salvo que, para efeitos de clareza, sou bela e estou feliz. Daí sentir-me livre. Tudo isso porque, como veremos, comecei. Tampouco quero eu aqui detalhar o que Frida, minha terapeuta, disse de certa feita: "Hana, rejubile-se, minha querida. Este ano que chega ao fim foi o ano da DTV." Eu nunca tinha ouvido falar nessa sigla. "DTV?" Ela riu. "Inventei agora. Foi o ano da Desconstrução Total da Vergonha." Eu rebati sem muita convicção: "Que amiga você é! Isso é para rir ou para chorar? Eu só queria um friozinho na barriga, tirar a vida do piloto automático. Pelo menos para começar. Agora, com essa sigla, eu viro a última das últimas", disse com um muxoxo fingido. "Digamos que o desmonte ainda esteja em processo. Mas já foi um progresso, a tirar pelos seus olhos. *Shaná Tová* para você e família. Vá pela sombra, mas não fuja do sol." Essa foi a última vez que falei sobre o ocorrido de forma mais estruturada. Depois disso, a dinâmica da vida me engoliu e, renovada, passei a sentir frêmitos com aquilo que antes me proibia de enxergar, e a me entediar, sem camuflar, com o que antes já me deixava indiferente. Mas preciso ser mais específica. Vamos lá, Hana, mostre que você é mais do que uma morena de cabelos negros e olhos de um verde faiscante, espelhados nas minas de esmeralda do rei Salomão. É melhor começar a afixar na parede o mosaico de pedrinhas das pequenas verdades, para só mais adiante avaliar quão vistoso ficou o painel. Corro o risco de ser julgada uma vagabunda? Certamente. Mas vale registrar que isso nunca me importou tão pouco quanto importa agora. Ou, melhor dizendo, pelo menos até recentemente, quando me ficou claro que era insano provocar a dor numa pessoa que, talvez, eu ainda não conhecesse tão bem quanto imaginava, apesar de viver com ela há décadas. Nós sabemos, contudo, meu marido e eu, que minha credibilidade doméstica nunca esteve tão a dever. Apesar dos ares de cão perdigueiro que ele assume nas manhãs dos sábados, parece já estar mais conformado com o paralelismo de nossas vidas. E, tanto melhor, tem viajado com mais frequência. Assim respiro aliviada. "Acho que você arranjou uma Conchita nessas suas viagens ao México. Olha lá, hein." Ele até sorriu. Avaliem quanto progresso. Não posso temer o Daniel! Mas, a meu modo, é melhor respeitá-lo. Até para botar tudo a perder, tem de saber a hora.

Uma coisa que me intriga é perceber que as melhores amigas de minhas amigas são suas filhas. Eu não tive meninas. Por outro lado, tive no meu primeiro marido um pai e um amante, visto que a diferença de idade era de quatorze anos, o que adubava um relacionamento de cama no limiar do sublime. Quando ele sumiu no fundo do mar numa missão de reparo a uma plataforma, me restou criar os meninos, chorar o mais discretamente possível uma perda avassaladora, e esperar que eles crescessem. Mas é claro que as coisas não podiam ficar assim para sempre. Eu sou tão bela. Foi então que apareceu o Daniel, integrante da equipe de apoio aos soldadores das profundezas, com quem continuei o que já estava construído. Era, e continua sendo, um homem asseado e digno, embora levemente desconfiado de que o meu verdadeiro amor tenha ficado preso a ferragens no fundo do talude continental até ser resgatado na madrugada seguinte ao acidente para que o enterrássemos - logo ele que explorava os limites de tudo o que havia para baixo da linha da água. De que tive eu a me queixar desde então? De nada, praticamente. Praticamente de nada, prefiro repetir – salvo pela perda. Certo é que o Daniel nunca foi um grande amor, e eu quase cheguei a admitir isso para ele. "Isso virá com o tempo", foi tudo o que ele achou para dizer, coitado, como fazem os pais de noivas de casamentos arranjados, falando do amor a futuro. É aqui que a própria Frida, tão fechada em copas, pareceu concordar comigo quando eu concluí do nada que, tivesse eu tido filhas, a vida com Daniel teria sido mais prazerosa mesmo porque teríamos um elemento masculino catalizador sobre quem estabelecer trocas. Ainda que mais não fosse para falar sobre o quanto homens podem ser estúpidos, e o quanto o senso de posse deles sobre nós é sufocante. Mas não tendo meninas à volta, as conversas ficaram muito na órbita das amigas e dos intercâmbios profissionais que aconteceram na minha empresa, uma pequena fábrica de cosméticos. E com isso, era natural que minha solidão fosse adensar-se com o tempo e que, na falta de parceiras com quem abrir a alma sobre a dimensão mais íntima de meus anseios, um dia eu me deixasse embalar pela conversa de um distribuidor envolvente e cheio de um certo tipo de inteligência que eu aprendi a admirar. Quando ele me convidou para tomar um café, fiz questão de marcar em local próximo à minha casa, e ainda hoje me pergunto se não fiz assim para mostrar à vizinhança que não tinha o que esconder, e que empresárias castas podem sim ter amigos. Ou, por outro lado, se já não me movia uma vontade de que o fato chegasse aos ouvidos de Daniel para que eu dissesse, quando encurralada por aquela sanha de um cão carente: "Fui sim, e daí? Que mal há nisso? Não posso ter um amigo?" A preferência por endereços públicos, é claro, não prevaleceu no segundo encontro, que aconteceu a trinta quilômetros de casa. E que, embora eu diga que não está sujeito a repetição, que é fato já superado, valeu a pergunta de Frida: "A quem você quer enganar, Hana?"

Vou parar de dar voltas. Estreei como adúltera num hotel cinco estrelas longe o bastante de minha casa para me sentir segura, e perto o suficiente para que mostrasse a mim mesma que não me apequenava na hora de dar um passo que, poucos meses antes, ainda me parecia inimaginável, embora trair o Daniel passasse pela minha cabeça muito mais do que eu admitia. Rudolf, o escolhido, estava longe de ser um galã. Pensando bem, não havia um só quesito em que Daniel não fosse um espécime mais atraente de macho. Salvo por um bastante fundamental. Ele era meu marido e o alemão, não. Um era a carta marcada, o outro era a carta da transgressão, o aceno à luxúria, a vida vivida à solta, o fator de empate que me colocaria no mesmo patamar da maioria das mulheres que conheço. Sendo eu agora uma delas, sem que precisasse jamais admitir – como não admitiria sequer para uma filha –, eu entrava para o clube das que traíam. E, como só reconhece uma quem é outra, elas intuiriam que algo tinha acontecido na minha vidinha de bairro em que passo até uma semana inteira sem ir a um quilômetro de raio ao meu redor. Daí a escutar placidamente o que disse o alemão, havia uma grande distância. "E se passássemos um feriado longo juntos?" É claro que gostei, era um elogio indireto à minha performance, mas exagerei na reação de pânico. "O que é isso, rapaz? Somos crescidinhos o bastante para saber que uma tarde boa pode ser só uma tarde boa! Não vamos desmontar vidas e construir castelos de areia em cima de sensações que uma hora se evaporam. É melhor que cada um fique no seu lugar e que sejamos bons amigos. Afinal, temos negócios por que zelar." Não sei bem se saiu rigorosamente nesses termos, mas deve ter sido algo bem próximo. O pânico nos faz mais falantes. O que mais me espantou não foi bem isso. Foi que, de alguma maneira, aquela experiência teve seu toque de *déjà vu* – talvez de tanto ouvir de outras mulheres o que era transpor o limiar da prudência. A afoiteza suprema, o momento em que decidi que me deixaria levar por qualquer sensação súbita, foi quando me vi pedindo o WhatsApp de um cara chamado Eduardo, que eu nunca vira. Ou seja, antes que ele pensasse que eu tinha uma alma devassa, eu me antecipei ao exercício divinatório e só faltei dizer pelo celular, deixando minha voz gravada para sempre: "Escuta, cara, eu sou sim uma devassa. Faça de mim gato e sapato, se quiser. Amadora, meio principiante, mas, até por isso, veja bem o que lhe ofereço se você descer de sua tribuna e vier dançar comigo aqui embaixo." Sem nunca tê-lo visto, eu contei tudo de minha vida. Disse que traía meu marido e só faltou descrever como o Rudolf me virou pelo avesso na cama. O que me moveu? Ora, sendo ele um homem antes de tudo muito cavalheiro, como podia eu sacudir tanta majestade, senão com a revelação do lado mais impublicável de minha vida? A resposta dele veio a cavalo.

E quando foi que as coisas viraram? Ora, tendo ele dito que viveu a infância em Fernando de Noronha, eu relembrei que tinha passado lá a lua de mel do segundo casamento - escoltada pelos dois meninos, então novinhos –, muito embora um incidente tenha me traumatizado para sempre. Isso porque em dado momento, quando eu boiava no mar e Daniel distraía meus pequeninos, senti uma queimadura se irradiar pelas minhas costas. Uma água-viva, que lá eles chamam de caravela, tinha deixado um vergão insuportável na linha da cintura. Em choque, com a pele violácea, ainda que eu não pudesse vê-la, a dor resistiu aos cremes e unguentos e, como isso sucedeu no terceiro dia, fiquei até o fim da temporada longe da praia. Contei o fato assim, despretensiosamente, só para assinalar um elo em comum. Foi então que o Eduardo me disse que teria bastado que eu urinasse na vermelhidão do ferimento para sará-lo. "Como é?" Ele repetiu a receita. Mas, considerando que seja mesmo eficaz, como é que eu poderia ter urinado se o ferimento foi nas minhas costas? "Ora, bastava que você tivesse pedido a alguém que fizesse isso. Não precisava ser na praia, à vista de todo mundo. Você não estava com seu marido? Pois então que ele urinasse no meio de suas costas, com você acocorada no box do chuveiro, aspergindo a urina de forma a que ela lambesse cada centímetro da zona afetada." Corei. Como ele ousava? "E quem te disse que meu marido faria uma coisa dessas? Primeiro, eu teria vergonha de pedir. Segundo, ele também teria pudor de fazer." Enquanto trocávamos essas mensagens, eu estava atarefada com todas as rotinas de fechamento de mês. Quanto mais informatizadas ficam as estruturas, mais atentas precisamos ficar a deslizes. A facilidade é muita, mas os estragos possíveis também são colossais. Ele veio à carga. "Mas é com esse homem que você está desde então? Que fajutice de intimidade é essa? Comigo isso não ocorreria. Sou dos tempos em que até esperma funcionava como esfoliante. As meninas dos anos 1970 adoravam. Pelo menos lá na ilha." Foi tremendo!

Cercada pela Mariana, minha assistente, e de cara com o João, da informática, que até evangélico era, fiquei inerte. Como um homem tão refinado dizia coisas daquela natureza? Era como se todos à minha volta estivessem inteirados de cada palavrinha que constava daquela troca de mensagens que começara há tão pouco tempo. Mas quem mandou que eu me entregasse tão cedo? Já me daria por contente se ele estivesse pelo menos metade tão excitado quanto aquilo me deixava. Era como se trilhássemos um caminho sem recuo. Respirei, puxei um assunto qualquer sobre o controle de estoque, ajeitei o cabelo e, percebendo minha pele muito afogueada, fui até o banheiro reler com calma a sequência de mensagens que, para meu espanto, beirava o adorável na escala do despudor. Tínhamos quebrado a inércia. Era só uma questão de tempo dali em diante. Então me toquei e gemi baixinho.

No intervalo compreendido entre aqueles dias e nosso primeiro encontro, fiz o que pude para enxergar a aproximação como apenas amigável. Quero dizer, queria me convencer de que ainda era possível tomar as rédeas do processo e deixar que as coisas só progredissem de acordo com minha vontade. Como se ainda estivesse ao meu alcance refrear aquela impetuosidade toda que, por obra e arte minha, tinha levado o homem a escancarar alternativas de intimidade que me deixavam sem fala. Destituído de grandes atrativos físicos, o ponto forte dele parecia ser a capacidade de criar um clima de cumplicidade – fosse comigo, fosse com as outras que, imagino, ele tenha. Na verdade, a figura masculina dele para mim existia de forma tão concreta que independia de sua vida conjugal, sobre a qual nem perguntei. Fuçando em suas redes sociais, vi que tudo era possível. Tanto podia ser um promíscuo de marca quanto um homem casado que nunca sai da toca. Mas para onde iria a sedução que emanava de cada linha? Ora, que viesse para mim. Ele achou que quando eu contei sobre minha aventura com o alemão, era só invenção para excitá-lo. Não importa, o certo é que isso deixou-o louco de tesão. Homem atrai homem. Um dia perguntei-lhe onde é que nos veríamos. Pensei que ele fosse indicar um restaurante ou um bar, embora eu seja de comer frugalmente e péssima de bebida, quase básica. É o Daniel quem diz que minha alegria se origina no ar, no pólen das flores, que não preciso de vinho. "Venha à minha casa. Escolha a hora que for melhor. Vou ficar aqui o dia todo. Estamos a escassos vinte minutos um do outro." Eu não achei o que dizer. Ainda balbuciei um *como assim, na tua casa?*, que deve ter caído num descrédito tão grande que ele nem respeitou um intervalo para eu respirar. Por WhatsApp, me mandou o endereço. "Avise só quando estiver chegando que eu preciso informar à portaria. E espero que você saiba avaliar se não foi seguida. Juízo." E mais não disse. Quando ele abriu a porta, entrou Hana, esta que vos fala. Com ela, a vergonha desconstruída. O pudor, daquela tarde em diante, se esmigalhou, virou farelo, e assim foi todas as vezes que voltei a entrar por aquela porta. "Gosta? É *The old fashioned way*, com Charles Aznavour. Entre."

Saber, é lógico que Daniel não sabe. Se soubesse, enlouqueceria. Desconfiar, certamente desconfia muito. O que fiz para garantir a governabilidade da casa? Melhorei muito as atenções que já lhe dava. Tornei-me uma ouvinte mais atenta, mais meiga e paciente. E lhe disse algumas das palavras que queria ouvir, e que eu sempre tive dificuldade de proferir. Nessas horas, falávamos do sucesso dos meninos, um ponto de união sem falha. Mas ele tinha surtos de melancolia. "Tua felicidade ficou ancorada no fundo do mar, não foi? O que eu pude fazer, fiz. Mais do que isso, era impossível. Basta ver os meninos. Te dei minha vida adulta toda, sabendo que seria um eterno suplente. É ou não de doer?" Eu não sabia me apiedar, mas agia como se soubesse, com o máximo de empatia ao meu alcance. E pouco dizia que lhe desmentisse os prognósticos. Ele continuava: "Sabe-se lá o que você está aprontando, Hana. Não pense que você trai só a mim. Você trai seus filhos e a memória de seu ex-marido." Onde ele encontrou essa forma rodrigueana de se expressar? Não sei. Eu só fingia indignação e logo passávamos a outra coisa. Mas, vejam bem, não é dele que quero falar.

Nesses dois anos que vem durando minha história com Eduardo, cada vez é uma reedição da primeira. Ele, que gosta tanto de falar, me recebe sempre calado e com um sorriso insinuado. Fecha a porta, como fez da primeira vez, e então enterra a língua na minha boca como se quisesse que ela me varasse o corpo garganta adentro. E depois, fica uma infinidade de tempo esfregando o nariz nos meus seios, ele sentado e eu de pé, como se houvesse mil possibilidades de combinação ao brincar com eles. Ora separa-os, ora os estreita, ora beija-os alternadamente, ora mordisca, e não para de cheirá-los, como se eles exalassem um perfume que se renovasse com a saliva e o roçar da barba. "Já sei qual é. É *Un Jardin sur le Nil*, de Hermès." Quando ele crava os polegares na minha cintura — fina como ele talvez ainda não tenha apertado igual em mulheres de minha idade —, sei que é a senha para eu desabotoar a calça. Se o que se segue é de dedução fácil, com a condição de que a imaginação de quem me ouve não se acelere demais, a verdade é que desde o momento zero eu tinha decidido que faria daquele homem o que eu quisesse que ele fosse para mim. Mas para isso, eu sinalizei que topava viajar aos limites da perversão. Tinha razão Frida quando falou do advento da DTV. Eu só não esperava que as comportas da vergonha ruíssem como ruíram: com gemidos de gozo e total despudor. De Eduardo, não vou dizer coisa alguma ao próximo da fila. A transparência só deve ir até onde se intensifique o prazer. E, por enquanto, não há fim à vista. Que bom, já não sou mais tão virtuosa. Ninguém precisa derramar lágrimas pela viúva que fui. Nem pela esposa que sou. Agora o jogo é outro.

Aspirante a pintor

"Deixe-me dizer uma coisa. Eu deveria ser um desses indivíduos que só têm a agradecer a Kuhn Ferenc pela pessoa que ele é. Para você ter uma ideia, nunca abri uma exposição minha – seja em Szentendre ou na galeria Várfok – sem que ele fosse um dos primeiros a chegar, geralmente trazendo tantas flores que mal víamos sua barba bem aparada e os olhos azuis. A gentileza dele contagiava até os rapazes com quem sempre o vi, todos solícitos e respeitosos, salvo um que parecia não levá-lo muito a sério como parceiro, e que circulava a seu lado apenas para adubar a própria agenda, segundo comentários. Tanto é que parece que até hoje não se falam, anos depois da ruptura. O que importa? Por que me ative a este detalhe? Nem eu sei direito! Isso dito, eu deveria sentir gratidão, mas não sinto. Não sou grato porque suas notas meio laudatórias tanto na imprensa daqui quanto nos países em que eu ia expor, eram de um *déjà vu* continuado e meloso. Quando uma amiga me falou que tinha saído um artigo sobre meu trabalho numa revista de Genebra, eu fui da euforia ao desalento em segundos ao saber que era Ferenc quem o assinava. Ora, que artista em sã consciência não gosta de uns afagos? Mas tanto eu quanto muitos outros aqui neste pequeno país, entre pintores vivos e mortos, sempre tiveram a expectativa de que seu trabalho chamasse a atenção de alguém novo, que tivesse um olhar diferente, e que agregasse a nosso cartel. Saber que foi Ferenc ia além da decepção. Eu sentia raiva. O que podia a assinatura dele somar ao meu trabalho? Quem era ele? Ora, ocupando aquele espaço, ele impedia que outros o fizessem. A editoria de arte tem outros pintores a contemplar além de mim. É claro que eu não iria reagir a ponto de pedir a Ferenc que não mais escrevesse a meu respeito. Não seria capaz dessa grosseria. Mas conheço gente que o fez e hoje entendo suas razões. Um colega nosso de muito renome, que certamente figura em sua relação de entrevistados, definiu bem tudo isso quando disse que, ao se apropriar de nossa imagem, Ferenc insinuava termos uma relação profissional mais íntima do que a que efetivamente tínhamos. Que, diga-se de passagem, se resumia à dimensão fugaz dos salões, nunca à da criação – que é sagrada. Nessa sacristia, Ferenc jamais foi bem-vindo. Quando muito, um pintor mais jovem e inadvertido que não o conhecesse o bastante, poderia lhe confidenciar alguma coisa sobre tintas, texturas, pincéis e planos temáticos. Mas isso não passava de mera formalidade, de gentileza frívola. Agora que você está pedindo uma avaliação sobre a obra dele, me permita dizer que esta é uma palavra excessiva para definir a pintura de seu amigo. Ou de seu cliente, sei lá. Para não dizer que não lembro de tela alguma que Ferenc tenha pintado, sei de uma cigana que ele deu a Márai Sándor, e que ele jogou na rua numa noite em que se bebeu muito Tokaji em casa. Dias depois, alguém viu a tela ao pé de uma lixeira na rua Gogol."

"Gosto muito de Ferenc e não é por eu hoje viver com uma pessoa que já lhe foi muito próxima que me deixei envenenar por sentimentos menores ligados a ciúmes e afins. Como gostamos de dizer neste país: na cova dos leões não há ateus. Pois então, num período muito difícil de minha vida em que eu tive problemas com a bebida e em que até estive preso, sob alegação de perversão moral e outras bobagens que eram de moda, foi Ferenc quem me chamou ao Vörösmarty para comer uma torta, e me confiar uma missão que, embora de pouco sucesso, me restaurou as energias, o nome e as finanças. Sei que a exposição dele sobre as deportações de Budapeste na Guerra soaram meio apelativas e sentimentais para os corações duros. Eu, pessoalmente, gostei de alguns quadros e fiquei com dois que tenho até hoje – o *Shofar* e o dos sapatos à beira do Danúbio, episódio de que pouco se tinha falado até então. Acho que poderia ter havido um pouco mais de boa vontade do meio artístico, ainda que fosse apenas por empatia. Ferenc perdeu os pais para Eichmann e estes eram bons amigos dos Soros. Não deve ter sido fácil encarar tantas perdas e ainda perseverar em viver em nosso país, apesar dos acenos tentadores que recebeu para ir viver nos Estados Unidos. Aquela exposição teve algum sucesso de público, mas ficou etiquetada como uma intrusão de um amador no meio de consagrados. Conheço gente graúda que esteve lá em consideração pessoal a ele, mas em horários que não coincidissem com os do grande público das escolas. Era uma forma de evitar fotos comprometedoras ou qualquer coisa que parecesse um endosso de um artista a um trabalho tido por menor. Se ele ficou ressentido, coitado, nunca me disse nada. Eu só acho que essa devoção à arte não precisaria acontecer em detrimento da própria vida. Por que ele não vai gastar o dinheiro que tem com a saúde? É verdade que ele está doente? A última vez que o vi foi no enterro de Kertész. Ele não me pareceu bem. Mas ali estávamos todos velhos e abalados. Falta sim generosidade ao nosso meio. Eu não sei bem o que você pretende fazer com esse material de testemunhos. Eu não sei sequer se Ferenc vai gostar do que vai ouvir. A única coisa de que desconfio é que você é bem pago para fazer o que está fazendo, e que isso não tem cara de ser um trabalho jornalístico porque faltaria à figura central uma estatura que o justificasse aos olhos da redação. Mas tampouco estou insinuando que você esteja à cata de um panegírico. Seja o que for, acho de coração que o meio artístico deve uma homenagem a Ferenc. Todos nós temos luzes e sombras. Está na hora de mostrar o lado luminoso. E, se for o caso, que o tratemos como o artista que ele sempre quis ser. No final, nós todos sabemos como acabaremos. Nosso ditado mais querido diz que os homens são carregados por cavalos, alimentados por gado, vestidos por ovelhas, defendidos por cães, imitados por macacos e comidos pelos vermes. Não é isso? *Voilà.*"

"Não é porque você frequenta nosso meio que você é um dos nossos. Mesmo assim, ainda faço justiça a alguns que, embora não sejam, são tratados como se fossem. Pegue um cabeleireiro da Ópera, por exemplo. Ele não é cantor lírico, ele não sobe no palco, mas sem ele para pentear as divas, e sem sua diligência para retocar-

-lhes as madeixas, não haveria espetáculo. Nossa musa do canto lírico chama para seus saraus o maquiador, e todos o tratam com deferência e simpatia. Mesmo porque o maquiador é um artista a seu modo, tem a alma dos que brilham na ribalta, lhes capta os sentimentos e, sobretudo, tem senso do ridículo para não dar palpites sobre solfejo e entonação a quem levou uma vida de sacrifícios para viver sua arte. Desculpe a explicação longa, mas espero que o exemplo o ajude a entender que Ferenc é tudo menos um artista. Ele não exerce um ofício que sequer o habilite a frequentar nosso mundo em condições de igualdade. Somos todos pintores, escultores e editores de arte. E ele? Um pouco de cada? Não basta. Demais, duvido que tenha o recuo necessário para saber a hora de calar ou de adiar um julgamento para fazê-lo numa ocasião mais propícia e privada. Pelo contrário, acho que ele é mestre em redizer o que alguém acabou de falar, apenas invertendo a ordem da frase e mudando as palavras. Isso não se faz impunemente. Por outro lado, somos muitos os que lhe devemos algum favor. E tenho certeza de que, desmentindo a regra maledicente que querem pespegar aos judeus, Ferenc muitas vezes quis dispensar o devedor de devolver o empréstimo. Mas o que havia por trás disso? Se você prometer que não vai me querer mal por tanta sinceridade, eu diria que ele vem investindo há 30 anos numa *persona* artística a quem seja impossível se negar um favor. E o que ele pede de volta? Prestígio e acessos. Pode ver, por exemplo, que ele não se acanhou em pedir a Tamás Hencze que o apresentasse a Anne Sinclair. Você acha que Anne Sinclair, neta e herdeira de Paul Rosenberg, estava interessada em comer um *entrecôte* com fritas com Ferenc em Paris? A isso se chama não ter noção de tamanho. O próprio Lahner parece que recebeu sua cota de propostas indecentes, de presentes muito generosos, de acenos de uma intimidade meramente oportunista. De minha parte, não tenho queixas. Acho que uma vez cheguei até a dizer àquele esquisitão que vivia às custas dele no fim dos anos 1980, quando este país despertou para o mundo, que Ferenc deveria se estabelecer em Berlim e se tornar galerista. Ninguém se recusaria a lhe dar uns quadros para vender. Todo mundo sabia, aliás, que ele tinha livre acesso a Gyula Horn, que foi Ministro do Exterior de Németh. E digo mais: sabemos que o lugar onde ele tem menos prestígio é aqui, porque Budapeste inteira o conhece como ele é. Mas em Praga, Bratislava, Cracóvia e até mesmo em Viena, Ferenc poderia ter feito um nome. Mas não como artista. Palavra de uma mulher que já viu de tudo."

"Se então era esse o propósito dele, tudo me consente dizer que ele não soube trabalhar seu ideal. Quem quer viver de pintura, ou de qualquer arte, só tem um caminho a trilhar: deixar tudo que não seja tinta e cavalete de lado e fazer qualquer sacrifício para ir atrás da luz perfeita para pintar. No meu caso, tudo foi mais fácil. Sendo pobre, apesar de ter comido com certa fartura quando menino, um dia deixei o empreguinho que um tio ligado ao Partido tinha me conseguido no Conservatório. Na época namorava Guita, mas nem sabíamos se a relação tinha futuro ou não. Comuniquei-lhe a decisão. Para minha surpresa, ela disse que estava comigo, e que agora sentira determinação no homem que queria ter a seu lado. Então tudo mudou em nossa relação. Eu que achava que ela iria me dispensar quando soubesse que eu ia pular do trapézio sem rede de proteção, vi na atitude determinada de uma camponesa instruída, a mulher de que eu precisaria para o resto da vida. Não estava dito, mas aquela decisão significava que íamos ter que viver do salário dela, como gerente do café. Por lindo que ele fosse, talvez o mais belo da cidade, o ordenado não dava para muito mais do que a sobrevivência. Quanto tempo levei para vender o primeiro quadro? Alguns meses. E tem mais. Varava as noites estudando, sonhando em visitar museus e tentando descobrir um caminho de expressão para minha arte. Mesmo depois que Guita deu à luz a Béla, nem assim eu me senti tentado a largar tudo no meio do caminho e voltar a trabalhar no Conservatório, onde as portas tinham ficado abertas. A mensagem de reforço que eu ouvia era uma só: se você quer viver de arte, entregue-se a ela. O mais difícil você já fez, que era sacudir a acomodação. Agora avance. A sensação de que o esforço podia estar começando a se pagar veio quando vendi *Danúbio ao entardecer*, que cativou à época um colecionador rico do exterior. E olhe que aquele dinheiro teve mais um aspecto de reparação moral do que qualquer outro. Dei cédula sobre cédula de presente a Guita, salvando apenas uns forints para o cigarro, e voltei para o cavalete de onde poucas vezes me ausentei por mais de uma semana, mesmo quando vou para o Balaton. Agora você me chega com essa história de que Ferenc sempre quis ser considerado um artista pelos seus pares. Estou perplexo. Eu achava que o que ele mais queria era ser marchand, e, aliás, aí sim poderia ter tido sucesso. Mas pintor, nunca. Aliás, sei que ele cometia umas pinceladas, mas se vi alguma coisa, sequer o registrei. Agora se me permite, vou voltar à labuta. Desculpe se fui sincero demais, mas no dia que você chegar aos 90 anos, vai entender que não se pode desprezar uma aliada tão poderosa quanto a objetividade. E dê lembranças a nosso Van Gogh, que, pelo jeito, é seu amigo."

"A identidade artística é filha da renúncia. Mesmo que você seja uma cornucópia, e que sua produção em dado momento alcance escala descomunal, não se iluda. Por trás da quantidade, há uma disciplina inegociável que, quer você se aperceba quer não, nasce do sacrifício. Eis um detalhe singelo que parece nunca ter ocorrido a Ferenc. Não vou citar nomes – digamos que atenda por Tibor, István, Zoltán ou Gyula -, mas não foram poucos os que morreram esquecidos e passaram anos sem comer um goulash decente, num país que nunca teve a tradição da fome. Alguns dos nomes que serão aventados pelos seus convidados nesse trabalho, que desconfio tenha sido contratado pelo próprio Ferenc, mencionarão um ou outro expoente da pintura contemporânea para ilustrar suas falas. De um deles, pelo menos, posso dizer que uma grave doença genética levou-a a viver, aos 28 anos, as injunções de um homem idoso, que poderia morrer a qualquer hora. Ora, isso só somou à sua inegável genialidade, e os dez anos que ainda viveria – para afinal morrer bobamente, numa internação que não se relacionava à enfermidade senão a uma pneumonia, imagine – fizeram dele uma espécie de Rimbaud dos pincéis. Um Schubert, se é que me entende. Então, pergunto: quantas vezes Ferenc renunciou a um regabofe? Quantas vezes olhou para seu guarda-roupa e convenceu a si mesmo de que o smoking chegado de Viena podia esperar um pouco mais pois ele tinha que ficar no estúdio e, talvez, só dormir de madrugada, ou não dormir de jeito nenhum, tudo isso porque um quadro o estava mobilizando obsessivamente? Sem sermos um Picasso, todos nós passamos por isso. Esses instantes de fusão com o objeto da criação são o sal da vida artística. Quando entramos em comunhão com nossa obra, é aí que somos mais felizes. Contrariamente ao que se pensa, o sublime não é colocar um preço proibitivo num quadro. É separá-lo dos demais para tê-lo como peça fundadora de uma fase. É ser tão apegado a ele que podem os galeristas oferecer fortunas que você vai querer mesmo é legá-lo à sua neta. Ou vendê-lo a um colecionador que o doará a um museu. Em meus anos parisienses, contava-se que Picasso chegou para o pintor Dias, um brasileiro que vinha de bela história, e lhe deu um quadro de presente. Disse-lhe que era para seu apartamento. Ao que Dias retrucou. Disse que morava muito mal para ter uma peça daquela na sala. Era quase temerário, atrairia ladrões. Então Picasso percebeu que não tinha sido claro. Estava presenteando-o com a tela para que ele a vendesse para comprar um apartamento espaçoso e iluminado. Foi o que ele fez. Esse amor ao trabalho, essa consciência de excelência, eis uma coisa que nunca parece ter ocorrido a Ferenc. Sequer nos artigos que encaminhou para a crítica no estrangeiro. Tudo parecia ser tão frívolo. Era como se os anos que passou em Moscou na década de 1960 tivessem imprimido um viés de propagandista numa mente mundana. Por fim, como desabrochar se boa parte de suas energias era consumida nos banhos térmicos ou à procura dos rapazes de Peste? Quantos deles não chegaram à casa dele em Buda para posar como modelos vivos, e de lá só saíram meses depois, fornidos o bastante para viver com conforto? Ferenc se vendeu barato, se me permite dizer. Mas gosto dele. Só me irrita essa mendicância por elogios. E pela fome por tâmaras confeitadas que ele não fez por onde merecer."

"Esteja tranquilo que eu não recebo com amargura nenhum desses depoimentos. Já tenho idade suficiente para aceitar as coisas como são, e para identificar mérito na crueza que vem até daqueles que me devem no plano pessoal. Sempre fui consciente de minhas limitações, que não começam onde eles pensam que começam. E sempre soube que na hora de fazer opções, meu coração iria pender para a vida, e não necessariamente para a arte. É claro que se você ama determinado universo, é esperado que queira se inserir nele como um ator vivo. Talvez não de primeira grandeza, mas pelo menos como um coadjuvante de algum quilate e expressão. Pode ser que minha obra não tenha maturado como queijos, mas tampouco é rasa como alguns apontam. Todo mundo sabe que ganhei mais dinheiro com minhas telas do que a imensa maioria desses gênios magiares, que andam por aí de pulôveres roídos pela traça e salpicados de tinta. Vão dizer que foi por conta de meus acessos. Pois que seja. O que me doeu um pouco foi acharem que eu estava empenhado num escambo, que abria espaço para eles na imprensa para afetar uma intimidade que não tinha, ou para pedir favores em troca. Que favor eu poderia pedir a alguns pobres diabos que se apequenavam diante de um curador italiano, e me telefonavam para que eu recebesse o visitante, para lhes facilitar a vida e transferir prestígio? Isso sempre fiz de coração. O que quase ninguém falou é que essa resistência, na falta de palavra melhor, sempre esteve ligada às minhas origens. Não é que artistas e escritores judeus não tenham florescido aqui no pós-Guerra, longe disso. Acho até que teve um tempo em que nós estávamos um pouco de moda. Mas isso já não vem mais ao caso. Sou frívolo? Pois então estou desobrigado a comentar o detalhe. Não estou bem de saúde, você sabe. Estamos vendo se o tumor entrou em remissão, mas para mim basta essa deficiência imunológica para que eu pense cada vez mais nas opções que me restam para viver o finalzinho. Jerusalém não é uma alternativa para homens de meu perfil. Paris poderia ser uma espécie de apoteose da vida, mas acho que queria mesmo morrer num outono à beira do lago Balaton, dando braçadas como se foi Heller Agnès, pensando nos anos em que desfrutei de minha casa e dessa solidão universal que vem desde o pós-Guerra. Nos tempos que passei em Moscou, é claro que acumulei missões. Depois de certo episódio na rua Arbat, que valeu a eles uma boa arma de chantagem, mas que me afetava bem pouco, aceitei mandar vez por outra uns informes onde dourava bastante a pílula e, na verdade, nada dizia. Meu salvo conduto foi a tal frivolidade, palavra central desse trabalho. Do que falaria? De espionagem, armamento nuclear, eliminação de dissidentes? Nunca. Quanto a este seu trabalho, bem que tentamos. Fui ingênuo em achar que ouviria algo de diferente, de mais estimulante. A que serviria uma consagração a um homem de minha idade e na minha condição? Vou providenciar o depósito do saldo, mais um adicional generoso pela sua paciência. Agora ajude a me vestir e vamos dar uma volta. É hora de começar a me despedir de Budapeste."

Cinco vidas

Semana passada nossa mestra propôs um exercício que a todos nós soou tão pueril que resolvi, de minha parte, levá-lo a sério - só para contrariar o juízo de meus companheiros de oficina e, a meu modo, prestigiá-la. Sei que Fanny atravessa um momento difícil. Por que não me empenhar na tarefa proposta como forma de mostrar que a tenho em grande conta?

    Todos se perguntaram: mas por que ela pediu que descrevêssemos o lugar onde queríamos viver até o fim da vida, sob forma de uma cena marcante, que se fixasse na mente do leitor? Não seria tudo muito banal? Dizem que nossa professora padece de depressões terríveis e que ninguém deve se deixar iludir pelos períodos de afagos e risos frouxos, pois logo depois vem a rebordosa. Seja como for, por ter parecido a todos uma missão ginasiana, na linha daquelas de enfadonhas descrições de férias escolares que fazíamos na adolescência, concluí que deveria me esforçar para acessar uma sutileza qualquer que a surpreendesse. Então me propus a esgotar em um único parágrafo a idealização de um dia num lugar do mundo de que gostasse muito. Mas ora, como eles são inúmeros, e como quase sempre me proporcionam distintas alegrias, não pude eleger um só onde ancorar minha prosa poética. Então, voando de galho em galho, transportei-me para cinco paisagens, que poderiam ser cinquenta ou apenas uma, a depender dos humores do dia.

Na data aprazada, entreguei as folhas garatujadas, visto que em sua oficina estimula-se a redação à mão. A sisuda Fanny Halpern então passeou a vista por todas elas e, condescendente, insinuou que esforço era ingrediente que não me faltava. Só não ousou dizer que era o único que eu tinha com sobras, o que me deu margem para que intuísse sozinho, como se faz na boa literatura. "E pelo jeito, está também com bastante tempo livre. Pedi uma história e você me deu logo cinco", ironizou. Mas na sequência, depois de ter lido os pequenos textos com calma, se solidarizou a meus tormentos e devaneios. E acolheu com benevolência esse sujeito intenso que ela diz que eu sou. "Se tivesse tempo de chegar a ficcionista um dia, Fanny, seria sobre variantes disso aqui que escreveria. E no livro que jamais existirá, espalharia fragmentos de errâncias em todos esses lugares, segundo meus afetos. Senão em muitos mais. Como se faz com as cinzas dos mortos que puderam escrever os últimos desejos", disse com ar dramático e zombeteiro, como se recitasse poesia.

"Não seja trágico, Rawet, você ainda vai conseguir tudo isso, E creia-me, ainda pode ir além do mero relato de viagens. Basta percorrer os caminhos que você tem aí dentro", e colocou o indicador no meu coração. Seja como for, prefiro quando ela me chama de Michel e sussurre outras coisas no travesseiro.

Vida na Andaluzia

Resolvi que moraria aqui num momento tão fortuito que você sequer imagina qual foi, minha amada Mari. Se lhe desse o benefício de alguns palpites, e a prevenisse para que não pensasse em nada de grandioso, nem assim você adivinharia. Isso porque você atribuiria a tal epifania àquela tarde em que voltávamos de Triana e atravessamos o rio Guadalquivir sob a chuva, apressando o passo para chegar enxutos à Giralda. Quando então o aguaceiro caiu e, resignados a ficar ensopados, ali mesmo estacamos e nos abraçamos. Pois bem, sinto dizer, mas ainda não foi nessa hora, apesar de muito envolvente. Tampouco foi quando passeávamos pelos pátios à sombra da catedral e você disse que não queria acabar a vida só, que ainda acreditava ser possível achar um companheiro, reatando com a incrível sorte que teve quando jovem, e que se esvaneceu numa curva de estrada perto de Granada. Você foi tão verdadeira quando disse isso e vi tanta dor e esperança em seus olhos azuis cristalinos, Mari. E lembra de quando meu encantamento por Sevilha me levou a encher a bolsa de livros com as laranjas que coloriam as árvores baixinhas? Pois é, aquele foi só mais um belo momento de tantos. Quero que saiba: não foi sequer quando preparamos uma bagagem para o pernoite e subimos a Sierra Maestra com o ânimo de quem faz uma travessura inominável, a ponto de sermos repreendidos por sua melhor amiga por termos agido como colegiais, o que deixou seu filho desacorçoado, de pé atrás contra este intruso que veio de longe para levar sua mãe para a cama. Levou tempo para que restaurássemos o prestígio com ele, não foi? Mas ainda não foi aí. E não, não foi sequer quando a ouvi falar sobre as maravilhas da tauromaquia, no portão principal da arena da Real Maestranza, ali quando você pareceu brilhar de majestade andaluza. Pois então já vou dizer. O instante em que decidi que não mais sairia daqui e que queria ficar com você para sempre, foi quando saímos do almoço no Abantal e, a caminho do hotel, vimos as portas dos comércios cerradas para a *siesta*. Então, você parou para falar com a velha professora de piano. E ela te beliscou as bochechas e, com um ar entre maroto e reverente, sussurrou virando-se para mim: *Encantada, señor. Es guapa la Mari, verdad?* E então você corou como a adolescente que já foi um dia, quando caminhava por aquelas mesmas ruas em trajes de normalista, e era aluna daquela velha senhora. Ali, Mari, você resplandeceu de sensualidade. E me ganhou para sempre.

Vida no Golã

Quando fui fumar um cigarro na varanda, devia ser entre duas e três horas da manhã. Velhos ficam mesmo sujeitos a esse regime irregular de sono, sem que uma explicação palpável lhes venha em socorro. O que seria? Um mal-estar, a respiração curta, um sonho, um surto de angústia ou simplesmente a vontade de ver o mundo lá fora, enquanto ainda podemos? O céu estava claro, tantas eram as estrelas que faiscavam, e a relva estava seca, sem maior sinal de umidade. Tampouco fazia um frio insuportável, daqueles de congelar os ossos. Pelo contrário, estava quase quente para a estação. Tanto assim estava que eu só vestia uma malha leve, dessas de uso antigo. Como Natan dormia, não tive que ouvir um sermão sobre o câncer de pulmão ou acerca das friagens traiçoeiras que, vindas do Mediterrâneo e dos desertos da Síria, ali se encontram nessa época do ano, desencadeando viradas de tempo bruscas. Não fumei o segundo cigarro de praxe e logo tentei voltar a dormir, sempre ouvindo o ressonar de meu companheiro que chegou de Haifa para aqui ficar uns dias, o que me agrada de verdade, não fosse pela enumeração nauseante das regras do bem viver. Mas quando despertei com o cheiro de café perfumando a casa, e um ronco de motor que me parecia ser o do carro de Nova, caminhei até a janela e, ao abrir o cortinado, vi a paisagem tomada de branco, sem qualquer vestígio do monte Hermon no horizonte. Nevou abundantemente, de acordo com a previsão. Vesti-me com pressa e fui receber minha filha e o amado Miki, uma pestinha hiperativa que arrebata até corações de pedra. Então, enquanto Nova e Natan trocavam as novidades da política, tema que me repugna cada vez mais, Miki me falou que queria fazer um boneco de neve. Pois não é que ele ainda lembrava do que fizéramos no ano anterior? Peguei as chaves do carro, apertei o cinto de segurança dele e subimos em direção ao vilarejo druso de Majdal Shams, onde gosto de comprar frutas. "Vô, a neve vai derreter. Por que não fazer as compras depois?" Então tranquilizei-o e disse que ainda cairia muita neve nos próximos dias. E que quanto mais tarde fizéssemos o nosso, mais tempo o boneco duraria. Então, ele disse que não esquecêssemos de comprar uma cenoura para fazer o nariz. *Gezer gadol meod*, repetia ele. Sim, dizia eu, mas por que uma cenoura tão grande?, perguntei. "Porque nosso boneco é judeu, vô." Gargalhei com vontade e deixei de lado tudo o que não ia bem na vida. Inclusive a fila de tanques Merkava que serpenteava morro acima.

Vida na Provence

Na primeira semana em que nos instalamos na região do Luberon, entendi que cometera um erro crasso ao aceitar aquela proposta. Isso porque nem mesmo a perspectiva de não desgrudarmos um do outro pelos próximos dois meses, aplacou o traço terrível que parecia constituir a segunda natureza de Véronique Dahan, senão a primeira, qual seja, o gosto pela revanche; pelo permanente acerto de contas; pela literalidade das palavras; pela obsessão por saber se as colunas de créditos e débitos estavam equilibradas, e pela tendência enfermiça em demonstrar que estava sempre do lado credor. O que me levou a crer tão tolamente que desta vez seria diferente? Por que tudo só ficou claro quando a vi se sentar no sofá, abrir o computador sobre os joelhos e me dizer, compenetradamente: "Podemos falar seriamente por vinte minutos?" Então vi que, na realidade, nossos encontros tinham sempre respeitado o mesmo padrão. Onde quer que estivéssemos, saíamos para um jantar alegre na noite da chegada. Trocávamos pequenos presentes, contávamos as novidades um ao outro e eu abria o coração, inocentemente, dando um vislumbre sobre o que fora minha vida nas últimas semanas, desde que nos víramos pela última vez. E pouco me importava que ela fosse avara com respeito à sua própria porque sei que nas montanhas de onde vem, este é o padrão. Era tudo tão festivo quanto rever um amigo, mas, felizmente, tinha algo mais do que amizade em nossa luxuriante intimidade. E assim íamos para a cama, onde acontecia uma primeira noite de enlevo que beirava a selvageria. Parecia que tudo ia muito bem, que nada teria força para fragmentar tamanho ardor. Mas já no dia seguinte pela manhã, ao me trazer um limão espremido em água quente e uma enorme fatia de pão torrado com mel, começava o tal encontro de contas. De dez e-mails que ela mandou, eu só respondi a seis. Das fotos que ela tirou, eu sequer agradeci o envio. Logo, que relação era aquela? Será que eu a via como uma idiota? Como pude me esquecer do padrão, meu Deus? E quanta vontade eu tive de matá-la quando, esta manhã, ela entrou no quarto com uma bandeja e recitou a fórmula: "Podemos falar por vinte minutos olho no olho?" Era para resolver as pendengas da véspera. Então visualizei uma sequência de túneis em que o sol aparece por segundos e logo some de novo na escuridão fechada. Mas agora era tarde. E a vantagem era da contadora helvética. "Você não se corrige mesmo. Vamos lá, seja direta que, a depender da cantilena, faço a mala e sumo hoje." Então, tudo recomeçava. E eu que queria tanto viver no Luberon.

Vida na Patagônia

Morar em Buenos Aires, convenhamos, todo mundo mora. Lembro bem de uma famosa colecionadora de arte paulista que fazia a ponte aérea toda semana, e dizia que a conjunção das vidas entre ambas as cidades era mais inebriante do que a casadinha Paris e Londres, ou Milão e Barcelona - circuitos a que fora habituada desde cedo, por conta das errâncias do pai dublê de banqueiro e diplomata. Mas não era nada disso que eu buscava. Que espécie de expatriamento seria o meu se, ademais de permanecer nos limites da latinidade, eu me resignasse também a encontrar brasileiros a três por quatro nas ruas do Once, alguns deles até vagamente aparentados? E que sentido teria ir para Mendoza, uma alternativa celebrada por outros tantos amigos, se lá ficaria refém da roda de confrades de Gerson Weintraub, e das infinitas tentações boêmias das enotecas da cordilheira? Pergunto-me: era isso o que eu queria? Ou era chegada a hora de apostar as últimas fichas numa mudança radical para dar vida aos anos, e não o contrário? Fiz bem, portanto, quando segui a intuição e desci o mais que pude para me fixar neste terraço de onde vejo a imensa geleira, e onde sou o primeiro a receber ventos tão fortes que até os minerais se encolhem em defesa, com as nervuras calcárias enregeladas. Inverno como verão, ganhei lábios rachados e, contrariamente ao que pensava, não reduzi a vida ao espaço doméstico, entre a escrivaninha e a cama. Não. O ar rarefeito e a beleza da natureza fizeram sim com que reatasse com as caminhadas que marcaram minha juventude. E, à custa de me sentir tão hipotecado a elas, passei a comer menos, o que logo me obrigou a apertar as duas únicas calças que tenho. Nada resulta mais encantador, contudo, do que as nuvens, a labilidade da paisagem e a beleza rústica de Martina, a distinta proprietária do *El Farolito*. Nos longos passeios que dou de casa até o pequenino Centro, recusando as caronas ocasionais que me oferecem no trajeto, paro para ver o céu. Se o fotografasse cinco minutos depois, eis que já estaria reconfigurado, quase irreconhecível, nas quatro estações. O que mais? Ah, os ouriços iodados e sumarentos! O amor à carne esponjosa ocre-amarelada tem que ser contido. Se erro a medida, fico sem poder degustá-la por uma semana. Mas quando estamos em boa fase, os ouriços me alegram o meio do dia. Quanto a ela, Martina, que é quem os abre à minha frente, comove-me o sotaque de fim de mundo: *Los erizos de Don Goldlust. Que los desfrute.*

Vida no Agreste

Já homem feito, ouvia de meu pai que seus ritos matinais sempre foram sagrados. Quem poderia esquecê-los? Tudo começava pelo frugal primeiro café da manhã, que consistia numa xícara de café com leite desnatado em pó, e duas torradas com geléia dietética. Então, ele saía para a caminhada que levava uma hora cronometrada, salvo um bate-papo com um passante. Na volta, ainda suado, tomava banho. Findo o qual, pegava uma esponja e se aspergia de talco antisséptico Granado nos dedos dos pés, virilhas e axilas, o que deixava o chão sob fina camada branca, para desespero de minha mãe. "Tem o tapetinho logo ali e você faz questão de fazer essa lambança." Era hora portanto do segundo desjejum, este copioso, mesmo porque era sagrado comer macaxeira com charque desfiado (embora dessalgado), além de um ovo frito. Tomava os remédios, vestia o terno e, por fim, ganhava a rua. A verdade é que ele se comprazia no cumprimento dessa liturgia e temia quebrá-la por um só dia que fosse, salvo aos domingos. Se isso acontecesse durante a semana, dizia, era como fumar um cigarro. O mau passo poderia levá-lo a perigosa recaída e estaria rompido o ciclo virtuoso. Coisa de velho, eu pensava. Hoje acordei cedo e o termômetro marcava dezesseis graus. As pétalas dos canteiros estavam salpicadas de orvalho e tomei uma grande lufada de ar fresco ao sair pelo pequeno portão. Tudo correndo bem, só voltaria a transpô-lo dentro de mais um par de horas, depois da caminhada regulamentar do parque até o Centro, intercalada pela leitura das manchetes do noticiário, sentado na praça. Uma vez de volta à casa, a vida se decomporia em pequenos ritos sem conexão entre si, nem grande importância aparente. Até que as primeiras cigarras viessem me presentear com uma inverossímil alegria de fim de tarde. E eu que passara a vida associando o crepúsculo a estados depressivos, deixaria a alma levitar enquanto o frescor do eucalipto abriria caminho pelos brônquios, prenunciando um sono de paz. Então seria nessa hora que vestiria o paletó de meia-estação, ataria o cachecol puído ao pescoço e desceria até o comércio. Ali aguardaria o ônibus da Viação Progresso que já não chegaria, e, entreouvindo conversas em sotaque cantado, fecharia os olhos e pensaria no cheiro das maçãs argentinas de minha infância, embrulhadas em papel de seda azul. Para só então subir de volta para casa, pensando no quanto ainda se pode ser feliz na tão bela cidade onde vim ao mundo, e de onde tão estupidamente me separei por tantas décadas.

Escuta, Israel

"Será que eu poderia viver em outro país? Provavelmente, mesmo porque os judeus estão acostumados a morar na casa alheia, se é que podemos dizer assim. Trata-se de uma capacidade de adaptação incomum para a maioria dos povos ocidentais, embora também seja verificável na diáspora armênia, indiana e chinesa. Isso dito, acho que minha arte morreria fora das fronteiras deste país. Posso perfeitamente ir filmar no Canadá ou na Eslováquia. Mas é para cá que tenho que voltar. É na noite de Tel Aviv que estou em meu elemento. Ou no mercado de Mahane Yehuda, comprando frutas com minha irmã. No inverno, gostamos de ficar em família e muitas vezes alugamos um Zimmer no vale do Hula. Meu marido leva as crianças para passear na estrada e, nessas horas, vejo as rochas nuas, o céu de um azul prístino e fico na sala de estar a ler roteiros. Perto do meio-dia, tomo uma limonada caseira e vamos até Kiryat Shmona, ao restaurante do cruzamento, onde Benji come hambúrguer de cordeiro e lambuza batatas fritas com ketchup. Essa noção de aconchego é intransferível. É da diversidade de origens, de vozes, de sotaques e de feições que eu alimento meu ofício. Se pensar bem, teria material para trabalhar mesmo se vivesse os tais 120 anos da lenda. No fundo, tudo aqui é possível. Por absurda que uma história pareça ao mundo, você vai encontrar uma similar e verdadeira em Israel".

"Quem me conhece, sabe que estou longe de ser um judeu minimamente religioso. Já passei muito feriado de Yom Kipur na casa de praia, fazendo churrasco e namorando. Isso diz tudo, não é? No entanto, tenho observado um fenômeno interessante. É o seguinte: meus filhos estão em idade universitária e sinto que preciso incutir neles um senso de perseverança, uma vontade de superação e de dar à vida uma marca autoral. Como os três têm mães diferentes, que nem sempre comungam do mesmo mundo, vi em Israel uma forma de lhes dar uma noção de pertencimento. Um deles fez o programa Taglit ano passado e parece que voltou mais competitivo, quase empolgado. Não sei bem o que aconteceu por lá porque o cara é fechado como a mãe. Mas o que quer que tenha sido, foi bom. O segundo vai na mesma pisada. Na verdade, ele se entusiasma mais com as questões militares, com a geopolítica, e a escalada nuclear iraniana. Por que não, se isso deu tangibilidade ao vínculo? O terceiro adora fabular em torno de Davi contra Golias. Em suma, funcionou. Quando adolescente, eu estive uns meses num kibutz do Negev e confesso que adorei. Nunca namorei tanto na vida. Ainda hoje tenho amigos que fiz naqueles meses de camaradagem ao pé da fogueira. Enfim, Israel deu muito mais a mim do que eu ao país. Para os judeus em geral, é um baita cartão de visita, além de ser um instrumento pedagógico de vida".

"Eu acho Israel e os judeus que moram lá, a gente mais arrogante do mundo. Nem os sauditas chegam a tanto. O mais irônico é que essa mesma gente não se dá conta das contradições em que incorre. É voz corrente da propaganda que se trata da única democracia na região. E no entanto, pais de família palestinos morrem de infarto antes dos 40 anos por conta das humilhações que lhes são infringidas. Veja bem, se um pobre diabo que nada tem a perder, lança um míssil de Gaza sobre o descampado, os israelenses bombardeiam com violência aquele formigueiro humano, e pouco importa que o mundo aponte a reação como desproporcional. Por causa de Israel, nós, os cristãos libaneses, não podemos visitar Jerusalém ou Nazaré, o que seria uma aspiração muito legítima, concorda? Aliás, é lá que estão enterrados meus bisavós. Temos não somente restrições em ir até lá como talvez fôssemos vistos com suspeição por nossos patrícios ao regressar. Todo mundo sabe que o Líbano não é fácil. Veja, estudei com judeus nos Estados Unidos e até de festas religiosas eu já participei em Illinois, na casa de Roni Schwartz. Dá para fazer uma distinção entre judeus em geral e israelenses? Certamente. Digamos que eu nada tenho contra os primeiros, mas só posso ter muita coisa contra a maioria dos segundos. Posto assim, acho que fica mais fácil definir o que sinto".

"Israel pra mim é mesmo a terra do leite e do mel. Afinal, meus pais se conheceram num kibutz nos anos 1950, e só mais tarde vieram para o Brasil, quando eu tinha 8 anos, e eclodiu a Guerra dos Seis Dias. Pois bem, meu pai trabalhava na ordenha, que na época ainda não era mecânica, e minha mãe acompanhava o irmão na coleta do mel de abelha. Fui alfabetizada em hebraico, mas depois que chegamos a Curitiba, o contato com a língua foi escasseando. Quando volto lá para visitar a família, parece que recupero um pouco do vocabulário perdido. É claro que tenho uma conexão emocional forte com o país, mas prefiro evitar o tema em roda de amigas. Muitas delas descendem de sírio-libaneses e, na verdade, me identifico mais com elas do que com as judias que conheço de uma vida. As companheiras da Wizo me chamam de brincadeira de "a Palestina", e perguntam se pretendo jejuar no Ramadã. Daí que eu e Salma Zugaib, quase uma irmã, evitamos tratar de política, mesmo quando estamos a sós. Hoje somos todas avós e nada une tanto duas pessoas quanto a condição de avó, pode acreditar. Pouco importa que ela seja uma daquelas iranianas, mesmo das mais radicais. Uma avó vai sempre entender o que a outra está sentindo. Se faço questão de voltar a Israel? Por que não? Mas preferia agora conhecer a Croácia ou a Rússia. Para tudo na vida tem limite".

"Quando você me deu um número fixo de linhas para falar de Israel, francamente achei que era muito espaço para tão pouco a dizer. Como bom engenheiro, eu podia ser taxativo: gosto de Israel porque é a pátria dos judeus por excelência. Sendo eu próprio judeu, está explicado. Mas como eu tinha que preencher um quadradinho inteiro na tela do computador, comecei a divagar. E cheguei à conclusão que poderia escrever várias páginas a respeito. Não porque minha experiência conte tanto. Fiquei 30 anos sem botar os pés lá e garanto que isso não me fez qualquer falta. Mas Israel se tornou importante para meus filhos e isso muda tudo. A Ilana está morando em Tel Aviv há dois anos e todo dia diz que nunca foi tão feliz. O André também se empolgou com a agricultura orgânica e virou uma espécie de pioneiro versão 6.0 perto de Afula. Para meus pais, que já nasceram no Brasil, a criação de Israel foi determinante na vida deles. É como se tivesse havido um antes e um depois. Ainda hoje eles lembram o que faziam na data. Sempre fui o mais desencanado mesmo porque vi muitos colegas emigrarem pelo simples fato de que, cá entre nós, não tinham dado certo por aqui e eram rematados medíocres nos estudos. Por incrível que pareça, Israel me pareceu durante anos um refúgio de perdedores, onde não era vergonhoso dirigir táxi. Hoje é a nação startup e o escambau. Resumo o que sinto assim: se é bom para os meus, então está ótimo. Mas meu lugar é no Brasil".

"Francamente, a situação dos judeus aqui na França não está nada boa. A islamização do Hexágono é iminente. Ciente disso, atendi ao pedido de minha mulher e nos instalamos próximos a Cesareia, numa comunidade cheia de judeus franceses. Chegamos lá até felizes, admito. Mas nenhuma alegria foi maior do que a de voltar para a Europa e retomar nossa pequena vida parisiense. Agora que tudo ficou para trás, posso dizer o que achei. Poucas vezes vimos gente tão rude, tão sem polimento. O fato de sermos todos judeus, não deveria permitir que eles se permitissem me tratar com a informalidade com que se dirigem ao quitandeiro do quarteirão. Convenhamos, já passei há tempos dos 60 e não tenho uma formação qualquer, pelo contrário. Imagine que Macron foi meu aluno. Com que direito um rapaz arrogante nos ridicularizou quando as palavras me faltaram no hebraico e apelei para o francês? E olhe que já nem falo do calor infernal, quase saariano. É claro que eu fingi que ia tudo bem até que Diane tomasse a iniciativa de propor o regresso. Se fosse o contrário, ela se vitimizaria cada vez que os celerados profanassem um de nossos cemitérios na Alsácia. Quando ela admitiu que tinha o *mal du pays*, me fiz de rogado para aquiescer, como todo bom negociador, e Israel agora é página virada. Uma coisa é admirar e outra bem diferente é querer pertencer. Eles lá e eu cá".

"Cheguei aqui me sentindo um pouco deslocada, tão à parte da sociedade quanto quando vivíamos no Marrocos. Então casei com um chileno asquenazita e meus filhos nasceram. Quando já não precisavam tanto de mim, fui concluir minha formação na universidade de Beer Sheva e as coisas foram melhorando. Meu marido sempre teve inclinações pelo que antes se chamava de esquerda. Eu era adolescente quando o Likud chegou ao poder e, coincidência ou não, percebi que nós os sefarditas começávamos a ter mais voz. Era isso que meu pai dizia pelo menos, e deploro que tenha morrido jovem e que não tenha visto a retomada da dignidade que dizia ter conhecido em Tânger. O que posso dizer é que nos tornamos uma nação mais forte e determinada quando os teóricos do socialismo caíram fora. É claro que chorei quando Yigal Amir assassinou Rabin. Tali, minha filha maior, urrava de dor e ainda era tão novinha. Que mãe não fica despedaçada ao ver os filhos em semelhante estado? Mas naquela noite, quando Aron veio para a cama, depois do funeral, ele me disse: "Você não está nem um pouco surpresa, não é?" Então eu respondi que o mais fascinante no casal que formávamos é que ele sempre adivinhava meus pensamentos e eu os dele. Israel dá essa liga, sabe, um senso de cumplicidade até quando a diferença é profunda. Os chineses dizem: mesma cama, sonhos distintos".

"Eu acho Israel um país nocivo ao mundo. Não era, mas ficou. O fato de sermos únicos alimenta um narcisismo neurotizante. Aliás, todo mundo aqui descende de neuróticos. Pode ver que as pessoas preferem fazer ironias a sorrir. Você já viu alguém gargalhando aqui? Ninguém venha comparar nossos modos crispados com as risadas puras dos tailandeses ou dos mexicanos. Não sei se sou muito diferente da média da população, mas o fato é que fechei o consultório e fui passar uns anos na África, orientando quem realmente precisava de ajuda em primeira mão, para as necessidades mais básicas de sobrevivência. Quando voltei, encontrei tudo igual. Na verdade, sonho em viver na Nova Zelândia ou no Canadá. Sou de extremos, não é? Acho que as experiências que vivi no Líbano foram muito negativas. Vi o que não deveria ter visto e celebrei o que não deveria ter celebrado. Em Israel, exalo um cheiro que não me agrada. É como se estivesse fedendo, entende? Difícil de explicar. Jamais casaria com uma sabra arrogante que sopra fumaça como chaminé e tem um olhar de magarefe romeno. Minha geração viu acontecer essa divisão simplória das pessoas entre ganhadoras e perdedoras. Integro o segundo bloco com orgulho, se quer saber. Desprezo esses manipuladores analfabetos que nadam em dinheiro e fazem negociatas à noite com os barões do Agudat Israel".

"Se eu gosto de Israel? Eu gosto mais das perguntas bem feitas, meu caro. Invertamos: você gosta da Nigéria? Sim ou não? Seja qual for sua resposta, eu posso intuir o que está por trás de cada uma das versões. Se sim, logo afirmativo, eu poderia dizer que você tem afinidade com a África, com afrodescendentes e com os oprimidos. Pode ser? Se for negativa, ou seja, se você admite não gostar da Nigéria, imagino que você seja um crítico das cleptocracias petrolíferas e que o raciocínio também vale para Angola ou para o Kuwait. Mas veja bem, não vou querer cascavilhar sua subjetividade. Assim como não acho justificável que você queira percorrer os caminhos da minha. Mas já que provocou, vamos lá. Você já ouviu falar da Bessarábia? Do pogrom de Kishinev? Meus avós escaparam de lá ainda crianças. No final, vieram para o Brasil. Estavam acostumados ao padrão provinciano de convívio do Leste da Europa. Vá à Moldávia e você verá que até hoje é um lugar travado. Livres para exercer suas tradições, os descendentes foram nascendo. Quando o estrago da Guerra foi metabolizado – se é que foi, e se é que será um dia –, Israel assomou como um marco de libertação. Adolescente, fui visitar o país e passei dois meses em Tiberíades. Fui a primeira pessoa da família que botou os pés ali em séculos. Agora me formule de novo a pergunta se gosto de Israel e, se quiser, responda você mesmo".

"Os filmes estão sempre mostrando situações em que os judeus voltam às suas antigas casas munidos de chaves enferrujadas e são esnobados pelos novos ocupantes. Isso se aplica à Turquia e à Espanha tanto quanto à Hungria e à Ucrânia. Depois da Guerra, quantos não tiveram até obras de arte confiscadas e roubadas por moradores oportunistas que traíram laços de amizade que, bem ou mal, existiam? Agora veja o que aconteceu à minha família e a milhares de árabes que viviam na Palestina. Um belo dia, há pouco mais de 70 anos, deixamos para trás as casas que nossos ancestrais haviam construído e as árvores frutíferas que eles haviam plantado. Ano após ano, década após década, resultaram vãos nossos esforços para rever as propriedades, e já nem falo de reavê-las, o que é impossível. É justo que eles façam com nossa gente o que seus algozes europeus fizeram com eles? Mas não pense que os odeio. Longe disso. Recebo turistas aqui em Belém que me chegam pelas mãos de guias israelenses com quem falo ao telefone de hora em hora. Tenho colegas que os acolhem na noite de Natal e eles têm gente genuinamente de valor. Assim como têm até hoje líderes corruptos e sanguinários, não muito diferentes de alguns dos piores que já tivemos. Tudo é perdoável, menos a falta de empatia. Mas quando há dinheiro no meio, some a boa vontade. O livro deles diz que não há caminho tão longo quanto o que vai do bolso ao coração".

"Eu confesso que não tenho a menor vontade de conhecer Israel. Guita, uma pintora que era muito minha amiga, costumava dizer que o povo aqui no Nordeste é majoritariamente cristão novo, ou seja, convertido ao cristianismo para escapar da fogueira da Inquisição. Pode ser. Mesmo assim, eu teria mais motivação em voltar à Espanha e à Itália para visitar os museus. Acho os árabes meio enrolados, gente que fala muito e faz pouco. Os judeus são mais operosos e Israel deve ser uma evidência disso, não é? Vou contar duas histórias que não sei se interessam à sua pesquisa, mas é o que eu tenho a dizer de mais imediato. Sempre tive curiosidade de ver uma rola circuncidada. Você sabe que não sou veado, mas tinha. Aí conheci um cara simpático, sem nó pelas costas, e pedi que ele me mostrasse a dele. Nem era das maiores, mas o rabino tinha feito um serviço bem feito. A outra coisa é que a boa estrela nem sempre ajuda o artista. Veja Lasar Segall, por exemplo. Casado com uma Klabin muito rica, sua obra não circulou, ficou nas mãos de meia-dúzia de colecionadores e ele não teve uma divulgação à altura do que merecia. Tem gente que o confunde com Marc Chagall, que morreu quase centenário. Uma vez Bernardo me falou que eles têm obras em Israel, mas que a maioria do acervo está na Europa. Não faço questão de ver o Museu do Holocausto, não. Desgraça por desgraça, já vi na África".

"No Japão, temos a cultura do *ichiban*. Isso nada mais é do que a forma como denominamos o número 1, o que mais se destaca, o primeiro. Para nosso povo, na nossa percepção, Israel é o *ichiban* da região. Você sabia que tem japonês que fala iídiche? No Japão, temos um longo histórico de superação. Como Israel, somos pequenos, não temos recursos naturais. Eles têm os árabes à volta; nós temos os terremotos que vem das entranhas da Terra e podem nos reduzir a pó. Francamente, eu os admiro. Dizem meus amigos que é porque eu também venho de um país hegemônico, que teve um passado totalitário. Trabalhando em organismos multilaterais há tanto tempo, pude visitar muitos países. E aqui vem um ponto crítico, não me leve a mal. Pois bem, no plano interpessoal, não pode haver gente mais rude. A cultura deles é agressiva, áspera e grosseira. Para nosso povo, seria impossível manter relações de trabalho e mesmo sociais. Os israelenses fazem contato visual prolongado, se comprazem em formular perguntas diretas, abusam da ironia e do humor autodepreciativo. Temos dificuldade em traduzir essas atitudes para nossos patrícios. O mais impressionante para um japonês não é que eles tenham feito tanto em tão pouco tempo. É que isso tenha acontecido num meio tão heterogêneo. No Japão, somos um só povo. Aqui é uma colagem de dezenas. É impressionante. Ser judeu é mais um estado de espírito do que uma comunhão de credo religioso".

"Eu vivo na maior cidade judia do mundo. Encontro judeus no metrô e os observo enquanto estou sentado nos cafés de Williamsburg. Sou descendente de mãe síria, avós paternos libaneses e eles fizeram questão de que eu aprendesse o árabe desde cedo, pelo que muito agradeço. No Rio, frequentava a Hebraica com amigos da escola e íamos lanchar lá, depois dos jogos do Fluminense. Ainda hoje sou grande admirador de um Bloch, remanescente desse tempo. Já rodei muito o mundo e fui a todos os países do Oriente Médio, salvo a Israel. É claro que tenho admiração pelo que eles fizeram lá. Imagine o que é ter 20% do PIB brasileiro, com apenas 4% de nossa população. Agora pense no que não seria o país se não tivesse que gastar tanto com defesa. De qualquer forma, foi a indústria militar que propulsionou essa febre de novas empresas startups de que eles se orgulham. Acho que somos todos *brimos*. Dado meu nível sociocultural, estou alinhado com a elite, o que me aproxima dos judeus intelectualizados. Vamos colocar as coisas assim: tudo o que eu gostaria seria de ver a Síria pacificada e o julgamento de Assad em corte internacional por genocídio. Depois disso, que se celebrassem acordos comerciais que propiciassem a criação de um mercado comum. Meu sonho? Viajar de carro de Palmira a Jerusalém sem mostrar o passaporte. Quanto aos erros de Israel, deixo para depois".

"O pessoal por aqui até hoje me pergunta se sou etíope, falacha ou Beta Israel, como os negros gostam de se definir. Então sorrio e digo que não. A coisa fica mais complicada de entender quando eles veem que moro bem, numa travessa da rua Dizengoff, e que vou passear com o cachorro na marina todo dia. Nessas horas conto, agora em bom hebraico, que sou capixaba e que minha mulher me achou em Chipre, onde eu cantava no Rote, de Limassol. Foi um lance de atração muito forte e terminei cancelando uma temporada em Amsterdã para acompanhá-la. No começo, eu disse que Israel não era minha praia. Se gostasse de violência, teria ficado no Brasil. Aí ela disse que eu era um *schmuck* e que estava acreditando em clichês. Chamar alguém de idiota aqui não é insulto, não. Então resolvi vir dar uma olhada e gostei do que vi, cara. Entre idas e vindas, já são três anos e não trocaria isso aqui nem por Barcelona, cidade que adoro. É certo que vivo uma vida de caranguejo, só ao lado da praia. Liora tem família em Haifa e me apresento lá com o irmão dela que canta num português direitinho. É claro que já fui a Jerusalém, mas nunca me aventurei muito nas cidades árabes. Já me ofereceram vaga de jardineiro e passeador de cachorro. Mas depois se desculpam. No fundo, é tudo gente boa, bastante respeitosa. Gosto mesmo daqui, vou ficando".

"É claro que diante da deterioração da situação síria, passamos a considerar que somos privilegiados de viver politicamente em Israel. É claro que isso é território anexado e ainda sonhamos com o dia em que viveremos dentro da fronteira síria. Sem pressa, porém. Mas para a maioria dos drusos que moram em Majdal Shams, acho que pouco a pouco se dá uma acomodação à identidade israelense. Nunca seremos um deles, mas muitos dos nossos prestam serviço militar e são amigos de judeus. Temos bom clima, um inverno de verdade e o comércio vai muito bem. É claro que não me sinto em meu país plenamente. Os ocupantes mesmos costumam dizer que seu país é aquele onde você levanta a cabeça. Não é que andemos de cabeça baixa, mas o sentimento de pertencimento é ambíguo. Você viu o filme *A Noiva Síria*? Se não viu, veja. Para nós, pareceu um documentário porque é tão real. O tempo suavizou muitas das diferenças que tínhamos. Todo mundo tem celular e embora não gostemos de admitir, vemos os programas da televisão deles e ouvimos sua rádio. Lidamos com o tempo de forma diferente e somos mais hospitaleiros. O choque de geração começa a ser mais impactante do que o choque de culturas. Não se trata de judeus contra não-judeus, mas sim do abismo entre jovens e velhos. Na Síria, as coisas estão muito feias e de vez em quando alguém consegue transpor a cerca da fronteira aqui perto".

"*Nakba* é como definimos a data. Traduzir esta palavra árabe por catástrofe é ainda dizer muito pouco dela. Em 1948, quase 1 milhão dos nossos deixaram suas casas para nunca mais voltar. Nosso algoz foi o Sionismo, a versão mediterrânea do Nazismo. Os ocupantes fizeram conosco o que os alemães fizeram com eles. Eles também eram numerosos nos anos 1940 e não esboçaram reação a caminho dos campos de extermínio. Um sobrevivente escreveu que é porque já os tinham matado por dentro. Logo a execução física para muitos deles chegava a ser um alívio. Pois bem, não podemos deixar que o mesmo sentimento nos tome. Temos que resistir. Nossos rapazes têm que jogar pedras e nossos intelectuais precisam denunciar o arbítrio. Até os judeus Neturei Karta, que vivem no bairro religioso de Mea Shearim, nos apoiam plenamente. Dia desses, um soldado perguntou a meu cunhado o preço de um par de óculos no mercado. Quando ouviu, achou caro e jogou a mercadoria no balcão, como se fosse lixo. Meu cunhado o agrediu e foi espezinhado pelos companheiros fardados. Agora está proibido pela polícia de trabalhar. Não é odioso? Pergunte a intelectuais judeus se eles aprovam esse estado de fato. Nunca. Meu irmão é amigo de David Grossman, e Amos Oz já nos visitou na aldeia. Hoje é dia de luto e algo precisamos fazer para marcar nossa dor. Não podemos deixar que eles nos matem por dentro, como fizeram com seus avós na Polônia".

"Cheguei a Israel um dia depois do resgate dos reféns de Entebbe. O país estava em festa e o aeroporto depredado em função das comemorações. Olhando em perspectiva, foi uma espécie de renascimento para muitos judeus que estavam desesperançados com os rumos de Israel, então uma jovem nação de 28 anos. De Lod, atravessamos a noite escura rumo à Galileia, e apesar de ser verão, a noite estava fresquinha e estrelada. A cada meia hora, tínhamos que parar para revistas e verificação de documentos. Chegamos ao kibutz de madrugada e éramos esperados por outros voluntários. Minha mãe não entendia o que eu tinha ido fazer lá. Afinal, na Alemanha estava em segurança. Quando voltei ao Brasil, havia um mapa de Israel na parede e vários alfinetes coloridos espetados. Quando perguntei a que correspondiam, ela explicou: os azuis são para os lugares onde você esteve. Os vermelhos correspondem aos incidentes que leio no jornal, tais como atentados, mísseis Katyusha e ônibus explodidos. Achei aquilo uma linda prova de amor. Nunca soube responder se aquela temporada foi mágica porque eu tinha 18 anos ou porque a atmosfera de camaradagem ali reinante era tudo com que sonhava. Hoje acho que foi a junção de ambos os elementos. Gosto de voltar a Israel e já pensei até em morar lá. Mas não passou do estágio de devaneio. As experiências de juventude podem mesmo marcar uma vida".

"Você sabe a razão pela qual não empenhamos grande orçamento em divulgar os feitos de Israel no mundo? Porque não adianta. Quem gosta de nossa gente e do que fizemos nessa nesga de terra, já gosta. Ao passo que os que nos odeiam, bem, estes continuarão a nos odiar, mesmo que descobríssemos a cura de todas as enfermidades. É portanto dinheiro perdido. Se eu tivesse um minuto para falar ao mundo sobre esse país que ajudei a fundar, acho que ficaria tão silencioso quanto fiquei nas florestas da Ucrânia, perto do final da Guerra. Por que? De novo, porque não adianta. Um efeito retardado do Holocausto foi o de atribuir a Israel um papel de estado-modelo, o estuário de todas as virtudes. Só porque sofremos o que poucos povos sofreram, tínhamos que mostrar ao mundo qualidades além das convencionais. E no entanto, temos defeitos. E estamos longe da perfeição. Ter o direito de cometer equívocos e injustiças, seria o maior benefício que poderiam nos dar. Somos tão maravilhosos e tão deploráveis quanto é a média de congoleses, lituanos, argentinos, gregos, islandeses, egípcios, nicaraguenses, armênios, bolivianos, tibetanos, mexicanos, senegaleses ou austríacos. Temos homens de bem, professores que honrariam as melhores universidades do mundo. Mas também temos escroques que depenariam sem piedade uma velhinha na fila do banco, se assim pudessem. Anote: estamos empenhados na evolução da civilização tanto quanto qualquer lugar onde vivam homens de boa vontade".

O rival

A caminho de visitá-la em casa com a intenção de lá pernoitar pela primeira vez, Félix Toledano se deteve diante das barracas de flores que margeiam o muro do cemitério do Araçá e, sem pressa, foi atrás do arranjo que a encantaria. Ele mesmo tinha preferência pelo chamado buquê de noiva. É relativamente pequeno e fica lindo quando se combinam flores do campo de talos longos, criteriosamente aparados para que o todo não resulte num ramalhete de pedra tumular. Assim, pequenos botões de rosa realçam quando ilhados por astromélias amarelas, bocas de leão, tangos e egípcios, com um belo acabamento que as compacte em ráfia bem atada, num cone transparente. Depois da pesquisa de praxe, ele terminou na barraca 11, como quase sempre acontecia. Nessas horas, trocava um olhar cúmplice com o vendedor que já sabia contar com a preferência daquele homem espichado, tão metódico quanto previsível. Pagou em dinheiro e embutiu a gorjeta que também era de lei. Irritava-o os votos de bom divertimento com que se despedia o sujeito de sotaque caipira e bafo de cachaça. Soava vulgar. Mas seria de mau agouro se, depois de anos, ele esquecesse o bordão.

Acomodando o arranjo com cuidado no porta-malas para preservar o banco do acompanhante de respingos e pétalas, regulou os retrovisores como sempre fazia antes de acionar o motor e lá seguiu ele. O relógio do painel marcava vinte e cinquenta, tempo quase ideal para chegar pontualmente, mas sem folgas. Dali virou à direita em direção ao Pacaembu e, tendo trânsito livre pela frente, chegou à porta do apartamento dela, situado numa ladeira de Higienópolis. Pela primeira vez, fora instruído a parar na garagem e o portão eletrônico se abriu mal ele apontou na rampa, sinal de que ela dera o número da placa ao segurança. Passada a primeira cancela, saltou do carro, confirmou os dados junto ao porteiro na guarita e, afinal, transpôs a segunda antes de estacionar numa área de visitantes que comportava uma dúzia de veículos. Cuidando para que o seu estivesse rigorosamente entre as marcas pintadas no chão, rumou para o elevador respirando fundo e tentando mentalizar o que dizer quando a visse. Esconderia o buquê nas costas e o mostraria com estardalhaço como faria um mágico? Ou o presentearia com beatitude, como faz uma colegial diante do ditador?

A caminho do andar alto, Félix se contemplou longamente no espelho. Felizmente tinha dormido até mais tarde e estava sem olheiras. As bochechas estavam ligeiramente coradas, reflexo do remédio contra disfunção erétil que tomara ao sair de casa. Apertou aleatoriamente os botões de dois andares intermediários para ganhar tempo e se ver sob vários ângulos, antes do reencontro. Enxugou a oleosidade da testa com um lenço perfumado e encolheu a barriga incipiente. Ensaiou dois tipos de sorriso, mas se conteve ao se dar conta de que a câmara do teto tudo filmava e que o porteiro, ou ela mesma, poderiam estar se divertindo às suas custas. Apalpou os bolsos e se certificou de que tudo estava lá: chave, chiclete, aspirina infantil, documentos e carteira. Finda a segunda escala, voltou a encher os pulmões e sentiu o elevador refrear. Latidos se tornavam agora mais nítidos e, de repente, ao abrir a porta, lá estava ela, a mulher por quem esperara uma vida, como gostava de dizer.

Estendendo o buquê com uma mão, enlaçou-a com o braço livre e sentiu o perfume cítrico que emanava da fronteira entre o pescoço e a nuca de Francesca. Abraçados, Félix sentiu as patinhas de um cachorro que rosnava e pedia atenção. "Esse é o Tommy. Tommy, diga oi para o tio Félix. Tio Félix, fala a verdade, não é uma gracinha, meu bebê? É o amor da vida da mamãe, não é, meu lindo..." Félix sentiu as unhas mal aparadas do bicho esgarçar de leve o tecido felpudo da calça de meia-estação. Desviando a boca do rosto de Francesca que já deixara o buquê no encosto do sofá, se dobrou para fazer um afago no cãozinho maltês que o recebia com tamanha estridência. "Oi, Tommy", balbuciou fazendo voz de retardado. "Quer dizer que você é o famoso morador dessa bela casa, hein? Tenho certeza de que seremos bons amigos, viu." Acompanhando Francesca até a copa espaçosa onde ela colocou as flores num jarro branco, ele não esqueceu de dizer o que a tradição bem testada impunha: "Essas flores não morrem, *amore*. Quando murcharem, deixe o buquê seco num canto da sala como decoração. No dia que tivermos muitos, fará um baita efeito." "Lindas, obrigada." Tommy latiu alto seu grito de alerta.

Um ano se passara desde que ele dormira em sua casa pela primeira vez. Dezenas de buquês ressequidos pendiam do teto da varanda, tal como morcegos obesos. As rotinas eram bem estabelecidas. Como ela só ia à galeria na parte da tarde, salvo raríssima vez em que se comprometia a ver um cliente cedo, Félix se acostumou a dormir até às sete horas. Pouco depois de despertar, ia à academia do próprio prédio para uma hora de ginástica e dava braçadas na piscina aquecida por quinze minutos. Depois dos 40 anos, era imprescindível. De lá, contudo, seguia para a clínica, de onde só saía à noite, chegando em casa quase à mesma hora que ela. Muitas vezes, sincronizavam os horários de forma tal que entravam na garagem simultaneamente. A três andares do destino, o humor de Félix passava por rápida e inexorável deterioração. Isso porque, mal entravam em casa, dez minutos de relógio seriam tomados pelos afagos quase imorais que Francesca fazia em Tommy. Essa história de ela tocar o lindo nariz no focinho úmido daquele cão intruso lhe dava asco. Certa feita, o desnaturado teve uma ereção enquanto ela lhe afagava a barriga. Mas sobre tais antipatias, ele preferia silenciar. Às vezes, pensava se haveria uma forma de estancar aqueles latidos enfermiços que se encadeavam por mais de dez minutos até que alguém o levasse ao colo ou lhe atendesse um capricho. Sequer os chutes discretos que Félix lhe dava na barriga vinham aplacando aquela enorme sofreguidão por carinho e atenção que, para sua revolta, Francesca dava sem parcimônia nem critério. Também à beira dos 40 anos e sem sequer aceitar falar de filhos, o que para ele era um alívio, parece que ela sublimara essas vontades até naturais nos cuidados extremados que dispensava àquele bicho. Certa vez, lhe escapou: "Se Tommy fosse uma criança, estaria na trilha para ser um homicida mais adiante." Ela apenas o olhou com espanto e os olhos lacrimejaram.

Foi conversando com o amigo Manfred Burckhardt, num café árabe onde a comida tinha o sotaque sefardita de suas origens, que lhe despertou a atenção uma conversa na mesa ao lado. Uma senhora contava à amiga que tivera que levar a gata ao veterinário porque tinha ingerido um comprimido de Rivotril, caído no carpete por descuido. Sem nada dizer a Manfred, que já ouvira não sem espanto um rosário de queixas sobre os ganidos de Tommy, o cachorro infernal, ocorreu a Félix uma ideia, que não tardou a colocar em prática.

Ao constatar, porém, que o remédio não dera certo – pelo contrário, deixava o cão ainda mais excitado – e já achando que Inês, a velha faxineira, o vinha observando pelo canto dos olhos, talvez desconfiada de que ele estava tramando algo contra Tommy, eliminá-lo passou a constituir uma verdadeira obsessão para Félix. Aquela peste era, de forma inequívoca e cabal, o maior empecilho que o casal encontrava para estar muito bem. O ódio tomava tal proporção que ele se irritava até mesmo nas raras vezes em que o cão dormitava no tapete esgarçado da sala de televisão. Enquanto se barbeava, guiava ou tomava banho, Félix contemplava opções. Uma delas era pedir ao paraibano Robertinho que o sequestrasse e lhe desse sumiço num passeio pela praça Buenos Aires. Depois disso, o próprio Félix afixaria cartazes por alguns dias na vizinhança e fingiria aflição, sabendo que a essa altura o animal já estaria bem longe dali, e dificilmente vivo. Outra era ministrar raticida com a ração. Será que se fazia autópsia de cachorro? Era o que faltava.

    Enquanto nada disso tomava forma concreta, Francesca levava Tommy com frequência cada vez maior ao veterinário da avenida Angélica. Temia que estivesse colhendo evidências de intoxicação ou mesmo das marcas das rasteiras bruscas que levava. Mas talvez fosse só delírio seu. Quando chegavam das consultas, Félix levantava Tommy no ar e dizia: "E, então, como vai meu meninão?" O cachorro tremia ou às vezes rosnava e, uma vez devolvido ao chão, podia urinar no assoalho enquanto dava voltas como se quisesse morder o rabo. Francesca arregalava os olhos e o enlaçava num abraço tão apertado que Félix tinha que sair de perto para não ter uma síncope. A melhor possibilidade à mão comportava riscos, mas poderia ser a mais efetiva. Podia arremessá-lo do alto do edifício, embora temesse que sendo leve, Tommy sobrevivesse ao impacto e, ainda por cima, fraturasse as patas. Ele já se via comprando regenerador articular e aquelas ridículas roupas pós-cirúrgicas que examinara quando de uma de suas visitas à imensa loja dedicada a cachorros. As vantagens do arremesso eram grandes, mas havia também o risco de câmaras internas captarem o momento. *No pain no gain*, pensava.

Certo e comprovado era que Francesca mudara muito com relação a Félix. Especialmente depois que ele admitiu abertamente ter se arrependido de alugar o apartamento onde morava. Tão cedo poderia reavê-lo e, se saísse dali, teria que ir atrás de um imóvel provisório. E pensar que todo esse drama era por conta daquele animal esganiçado e piegas, chantagista e voluntarioso. O que fizera para merecer aquilo? Félix começara a ingerir os comprimidos que trazia para dopar o Tommy e se ressentia dos efeitos colaterais. Seria por isso que o relacionamento com Francesca esfriava a olhos vistos? Já sabia o que ia fazer. Ia assoberbar o cachorro de mimos nos próximos dias para descaracterizar qualquer hostilidade visível ou imaginária. Ele mesmo iria sozinho à loja favorita da bicharada e voltaria com uma provisão de bolinhas, coleiras e aqueles odiosos ossinhos babados que se espalhavam pela casa. Isso feito, desencadearia um dos planos que vinha esboçando há tanto tempo.

Foi no último domingo de maio que o melhor momento se anunciou. Isso porque embora Francesca estivesse fazendo questão de carregar consigo o pequeno maltês para todos os lugares onde poderia levá-lo, ela própria considerou a presença dele na Parada Gay um disparate, pois todas as suas energias tinham que se concentrar na organização do protesto contra o estupro infame de que fora vítima uma menina. Se esse lado ativista da esposa lhe causava antipatia, pois sabia que ela era usada pelas oportunistas – estas mesmas que falam de empoderamento -, Félix fazia questão de se mostrar solidário da boca para fora. Sutilmente, um dia desarmaria esses maus hábitos da mulher, resquício de quem acumulara algumas lacunas de realização na vida, a começar pela maternidade. Portanto, com Inês de folga e Francesca na avenida Paulista, o palco estava armado para que Tommy visse a dona pela última vez quando ela se despediu, exageradamente maquiada. O cão ganiu, Félix exultou.

Mal o elevador desceu, Tommy correu para o quarto de Inês e lá ficou entocado sob a cama. Sentiu-se aliviado quando Félix desceu para nadar, mas voltou a tremer quando a voz grave ecoou pelo apartamento à sua procura: "Tommy, Tommy, vem cá que tenho uma coisa para te dar, seu filho da puta." O cachorro resistiu até ao velho golpe de se apresentar sempre que alguém abria a gaveta onde ficava a coleira de passeio. Encolhido, sentiu afinal a vassoura lhe enlaçar os fundilhos e foi arrastado por um Félix sorridente de tão malvado, tão exultante quanto nervoso. Tommy tentou resistir. Rosnou, mostrou os dentes miúdos e até latiu. Mas afinal, cedeu. Chegara a boa hora.

O marido da patroa teve grande prazer ao senti-lo tremer quando, vencendo a repugnância que tinha em tocar no bicho, o alçou do chão com o vigor dos determinados e colocou-o sobre o antebraço. Quando se desvencilhasse do cão, iria se lavar para debelar a fedentina, os piolhos, os vermes e o que quer que tivesse o animal repulsivo. Sabia bem o que iria fazer, visto que o tempo contava em seu favor. Iria abandoná-lo à própria sorte no parapeito da janela de serviço. Como era alta em ambos os lados para que descesse sozinho, Tommy passaria por boa e merecida aflição. Era uma espécie de purgatório para começar a pagar pelos latidos infernais.

Longa foi a agonia do cãozinho. Félix se permitiu um dia de rei. Depois de acomodar Tommy no alto da mureta, ainda viu quando ele se deitou nos dois palmos de largura e, fazendo malabarismo, colocou as patinhas dianteiras diante dos olhos, como se fizesse um esforço para não ceder ao pânico ou à vertigem das alturas. Enquanto isso, o homem preparou um espaguete ao pesto. Tomou uma garrafa de espumante e, antes de se deleitar com o sorvete caseiro de limão que Francesca fazia tão bem, foi lá dar uma olhada no infeliz que, ofegante, continuava na mesma posição. Chegara a hora.

Àquela altura, pouco lhe importavam os álibis elaborados ou verossímeis. Diria que o cachorro sumira da sala e dali devia ter escalado o banco, a tábua de passar, a máquina de lavar até o passo definitivo. Mas às cinco da tarde, quando ele já tinha optado pelo rodo para empurrar Tommy no ar fresco — afinal, rodos não deixam vestígios no pelo —, Félix ouviu uma voz firme às suas costas: "Se tocar nele, eu te mato agora."

Acompanhada de uma figura grotesca que ele não saberia dizer se era homem ou mulher, Francesca lhe apontava com furor uma faca. Então, a criatura avançou e foi salvar o animalzinho trêmulo. Do andar de cima, uma moça uniformizada balbuciou um graças a Deus. Fizera bem em avisar o porteiro, o único dali que tinha o telefone de Francesca. Furioso e desmoralizado, Félix lhe pediu que baixasse a peixeira e lhe desse uma hora para acomodar seus pertences no carro.

Na porta de casa, enquanto lhe devolvia a chave, ainda disse: "Fique com seus amigos estranhos e seu cachorro de merda". Francesca então abraçou Tommy e chorou. Horas antes da meia-noite, porém, dezenas de buquês ressequidos já dormiam na lixeira.

Todos os sabores

Se há uma pequena catástrofe que pode se abater sobre a vida de uma mulher assumidamente perfeccionista, é a de constatar que, depois de ter condensado em dez horas de trabalho o essencial de sua vida de crítica de gastronomia e esposa, eis que tudo está perdido. E isso porque, seduzida pela paz interior que lhe traziam os tons das folhas no outono, ela esqueceu de salvar o arquivo. É doloroso pensar que se tratava de uma pensata elaborada, porém sincera, como talvez jamais tivesse redigido. E que se destinava a uma das mais prestigiosas revistas do mundo no ramo da boa mesa. Pois não é que a conexão caiu e os escritos simplesmente tinham se evaporado quando ela ressuscitou? Essa mulher sou eu.

Sabia também que, diante de meu desespero, Denis iria resmungar da poltrona que há males que vêm para o bem. Ele tem uma espécie de fé acrítica em tudo o que escrevo e disse estar convicto de que a nova versão sairá mais suculenta do que a primeira. O que ele não entende é que o jornalismo também vive de prazos. Agora vou passar uma noite em claro por conta do cumprimento do dever. Para ele, parece inadmissível que eu tenha me apegado ao texto original. Que isso fazia com que eu me sentisse como um músico que esqueceu o rastro de uma harmonia bem executada numa noite de bebedeira. Ou como um cozinheiro que engata marcha à ré para desconstruir o prato que mereceu tantos elogios, depois de perder a receita original. Pois bem, é com essa sensação que retomo o trabalho. Vendo-me suspirar e colocar a cabeça entre as mãos espalmadas, Denis levantou os olhos cinzentos do jornal: "Martina, querida, a história já está dentro de você. É só reproduzi-la." Oh, Denis, como o mundo é simples para você, meu marido.

Le boudin d'or

Não é todo dia que surge na zona central de Toronto um bistrô fadado a durar. Falo desses pequenos restaurantes que já nascem com vigor criativo e que escapam à receita fácil de fazer uma sopinha de cebola insossa, um coq au vin para lá de previsível e uma torta mil folhas borrachuda, guarnecida por uma bola de sorvete de baunilha anódino. Arapucas assim, até Denis fareja de longe. Graças ao bom Deus, já nem tenho idade para me prestar a esses experimentos de incautos. Daí a agradável surpresa que foi *Le boudin d'or*. Um serviço discreto e simpático acomoda os comensais numa sala de quatorze mesas. Nas paredes, paisagens da Auvergne e do Jura, cujo intuito óbvio é o de dar à casa um sotaque culinário identitário. O cardápio podia ser um pouco mais curto, mas importante é que cobre um espectro honesto de opções, sem as redundâncias de praxe. Bom começo, pensei. Até me animei a tomar um kir royal que veio com uma gota a mais de cassis do que manda a boa prática. Comi o bacalhau fresco da Terra Nova com legumes cozidos. Denis aderiu ao hadoque pochê com batatas. Segundo ele, isso nos irmanaria em meia garrafa de Chablis. De entrada, dividimos o bom patê de fígado de ganso *en croûte* que surpreendeu pela untuosidade e pelo frescor da massa em volta.

Foi então que, ao final de meu *sorbet* de pera com pérolas de chocolate, e da penosa abstinência de Denis devido à glicemia instável, apareceu à mesa o jovem chef Martin Voos, todo ele sorrisos. Sem dar nenhuma demonstração de que me reconhecia – e talvez não conheça mesmo –, perguntou como andara tudo e se mereceria uma nova visita quando da estreia do cardápio de inverno. Como sempre, fui reticente, mas cortês. Denis se empolgou com digressões sobre a pesca em alto mar e eu me ocupei da conta, depois do descafeinado italiano aromático. Paguei o que teríamos gastado numa cantina ruidosa da vizinhança e acho que voltaremos lá qualquer hora dessas, com as árvores nuas da nova estação. Recomendo.

Meus pais eram pessoas rústicas, acostumadas à vida da mineração que pautara a história algo sombria de meus avós escoceses. Permanecer naquela província fria e remota, era tudo o que não estava em meus planos. Meu sonho então era ser aeromoça e desfilar minha silhueta pelos corredores de grandes aeroportos em charmoso uniforme cinza e vermelho. Mas quis o destino, e talvez minha baixa estatura, que terminasse me apresentando a um escritório de advocacia de Toronto que parecia ser um ancoradouro de estabilidade numa cidade que, para mim, era feita de incógnitas. Meu pragmatismo somado a um pouco de francês e a habilidades de datilógrafa, logo me valeram uma posição de comando no gabinete de dois sócios. Na primeira festa de confraternização natalina que tivemos, quando muitos ainda falavam da morte de John Lennon, conheci Denis Pfeffer, um dos mais obscuros advogados do escritório. Mas ele era jovem e tinha um charme desengonçado. E eu, quem era? Uma simples secretária, ora. Achei que Denis era um bom começo. Mal sabia que com ele iria até o fim.

"Sou judeu, gostaria que soubesse", disse ele com ar resignado, logo que ficou claro que começamos a namorar. Eu não soube como dissimular minha decepção. Devo ter sido patética. "Compreendo. Mas seremos bons amigos, afinal trabalhamos juntos." Ele pareceu surpreso. "Não estou entendendo. Você nos detesta assim?" As coisas só se complicavam. "Detestar? Do que você está falando, Denis? Como posso detestá-lo se até pouco parecia que tínhamos planos?" Ele penteou o bigode com o polegar e o indicador como sempre faz quando acha que vai dizer algo muito refletido. "Tínhamos? Não temos mais? Bastou saber que eu era judeu para que desistisse?" Fiquei indignada. "Mas judeus só casam dentro da comunidade, Denis. Ou pelo menos foi o que eu sempre ouvi. Eu não sou judia." Ele pareceu aliviado. "Que *schmuck* é você, Martina. Não seja tola. Isso foi antes da guerra, lá na terra de meus pais. Hoje tudo mudou. Estamos em Toronto, ora essa. Eu só queria que você soubesse agora para que depois não se sentisse traída. Afinal, nunca tínhamos falado a respeito." Meus olhos lacrimejavam. "Se é assim, posso até aprender a ser um pouco judia, se você quiser. Mas você tem que me ensinar." Poucas vezes na vida voltaríamos ao assunto.

Casamo-nos numa cerimônia alegre em que quase todos os convidados eram gente do trabalho. Johnatan Schlesinger, um advogado associado, fez as vezes de oficiante. "Sou filho de judeu e mãe batista. Estou bem posicionado para dizer umas palavras." Foi das poucas vezes que vi Denis usar quipá, e mesmo assim só por alguns minutos. Logo colocou-a no bolso do paletó. Quem diria que um dia o veria a caráter toda sexta-feira, até quando não sai de casa?

Meus pais não se animaram a vir de tão longe e Denis praticamente não tinha família no Canadá, salvo uma irmã com quem se desentendera logo depois da morte dos pais, num pacto de suicídio em que foram encontrados de mãos dadas, deitados na cama. Meu marido morava num apartamento simpático, localizado a poucas quadras de onde trabalhávamos e não vi inconveniente algum em me mudar para lá. Mantivemos a rotina sem sobressaltos, mesmo depois do nascimento de Justin. Ele já deveria ter uns três anos quando Barry Dorsey, um advogado de prestígio na firma, me pediu que escrevesse uma carta de elogios a um amigo que recém abrira uma cantina que, aliás, não durou muito. Foi então que decidi fazer as coisas com meu perfeccionismo de marca. Fui ao restaurante e, embora o tenha achado sofrível, fiz uns elogios pontuais, já que era uma questão de camaradagem. Barry gostou tanto do comentário que o afixou no quadro de avisos. Virei referência interna de dicas e, logo depois, os horizontes se expandiram. No íntimo, disse a mim mesma que jamais seria condescendente como fora na aventura iniciática.

Leite

O Recife é uma cidade costeira do Brasil, esse país quase tão grande quanto o nosso. Última escala na volta dos Jogos Olímpicos, ficamos lá uns dias e não podíamos deixar de visitar o restaurante tido como o mais antigo do País. Chegamos ao Leite sem reserva prévia, num agradável começo de tarde em que uma pequena praça logo à frente estava banhada por um sol escandaloso. Moças depauperadas estavam sentadas em muretas na rua lateral à espera de fregueses, e reinava ali um ar de cidade pobre da América Central. O mormaço logo se dissipou quando entramos no restaurante e demos de cara com uma armadura polida. Nos acomodamos perto do piano. Mais parecia que a cidade vivia um dia festivo, tão efusivos eram os cumprimentos entre os frequentadores, muitos deles habitués que saudavam a brigada gentil e elegante. O que me pareceram ser petiscos de cortesia, na verdade, seriam cobrados mais adiante, mas isso pouco importa e o jornal ainda aguenta essas despesas, apesar da circulação declinante.

Comemos, pois, fatias finas de presunto cru e nos animamos a tomar caipirinha, sendo a de Denis com adoçante, bem entendido. A galinha d'Angola de meu marido veio nitidamente sem alma e o acompanhamento de arroz branco estava morno e hospitalar. Já eu segui a sugestão do jovem que tartamudeava algum inglês e fiquei bastante satisfeita com o cabritinho à moda da casa, que me remeteu à cozinha bracarense mais despojada. Elvira, nossa guia e tradutora, que se resignou a uma salada nada convidativa, sugeriu que arrematássemos com uma certa *cartola*, um petardo calórico que consiste em bananas fritas salpicadas de uma chuva de açúcar com canela, sob espessa camada de um queijo local, o que submete o paladar a agradável briga entre o doce e o levemente salgado. Se não trouxe a comida na memória afetiva até Toronto, não esquecerei o calor humano de uma gente que se cumprimenta como se os convivas tivessem voltado da guerra ou como se estivessem indo para uma. A caminho do toalete, um homem grisalho nos acenou com um meneio de cabeça e Elvira disse ser um senador nacionalmente conhecido. Prepare-se para uma conta surpreendentemente salgada. Mas é quase sempre assim. É mito achar que lugar pobre tem necessariamente preços em conta. O provincianismo cobra pedágio. Pela tradição, recomendo.

Tudo então se encadeou de forma irreversível. De cronista de jornal de bairro, bancando nossas incursões aos restaurantes com dinheiro do próprio bolso, e recusando cortesias que pudessem constranger a isenção de julgamento, fui chamada a assinar uma coluna semanal no segundo jornal em importância de Toronto. O que se revelou determinante para mim foi constatar que Denis, normalmente um homem casmurro e previsível, se tornava mais interessante diante de um bom assado de vitela, num ambiente que pedisse mais do conviva do que nossa copa acanhada onde, com a partida prematura de Justin, passamos a fazer as refeições.

Ainda longe das tecnologias digitais, o pessoal do escritório resolveu me oferecer uma festa por ocasião de meus 15 anos de firma. Àquela altura, com minha coluna no *Star* lida de Vancouver a Montreal, decidimos que eu poderia trabalhar meio expediente e mergulhar no mundo da enologia, e do convívio mais assíduo com os confrades que passaram a se reunir para trocar impressões e promover jantares em casa uns dos outros. No começo, achei que a receptividade dos novos amigos era uma forma de apaziguar a dor que eu sentia pela enfermidade rara que acometera Justin desde cedo e que, afinal, também o levou prematuramente.

Deus que me livre de questionar a dor de Denis durante aqueles anos de agonia, mas fiquei com a impressão de que ele se regozijou, lá no fundo, por ter a mim de novo só para ele. Procurei afastar esse mal pensamento. Denis, afinal, sempre foi um bom pai e marido e, na faina doméstica, é homem solidário e prestativo, coisa incomum na sua geração. Foi Margareth Bellow que me disse quando Justin nasceu: "Judeus costumam ser ótimos pais. No resto, são como todo mundo. Mas não há modelo de pais mais presentes e companheiros." Pura verdade! Quanto à natural abulia desse companheiro careca e de bigodes parafinados, ela só se agravou com a aposentadoria, mas não sei, sinceramente, se isso me desagrada de todo. Gosto dele assim.

Minha coluna passou a ser publicada também em jornais americanos e, com a entrada do milênio, o mundo digital me abriu tantas portas, o que fez com que me dedicasse exclusivamente ao ofício que abraçara de forma acidental. Com um cartão de crédito corporativo, atravessamos a fronteira. Minhas crônicas sobre o melhor de Manhattan ou o pior de Fisherman's Wharf passaram a ser comentadas. Como sempre fora nosso propósito rodar um pouco o mundo, me impus a missão, logo afiançada pelo jornal, de escrever resenhas sobre onde quer que estivesse. E assim temos passado a vida.

Torre del Mangia

Já adverti neste espaço que o maior erro de um cozinheiro é alterar o equilíbrio de suas receitas com o intuito de agradar o crítico de gastronomia. É claro que minha coluna é eivada de subjetividades – a começar pelos meus humores para com Denis. Mas até por ter trabalhado num escritório de advocacia por anos, tenho certo senso de justiça. E, sem falsa modéstia, de responsabilidade. Sei que uma resenha favorável pode, no curto prazo, ajudar o empreendedor com uma leva de novos clientes. O contrário também pode ser verdadeiro. E isso em várias partes do mundo onde, ao que parece, meus comentários são lidos e apreciados, graças a esses recursos digitais que, para ser sincera, não sei direito como funcionam. Aprendi que no ofício não se pode falsear o caráter genuíno de especialidades que singularizam uma cozinha. A gastronomia é arte de longo fôlego e deploro as crianças que não tiveram pais atentos a esse quesito pois aprender a apreciar a diversidade mais tarde, é complicado.

Tivemos uma má experiência no *Torre del Mangia*, de Milão. Foi por certo devido à presença de um amigo comum no recinto que a casa, um celeiro de celebridades, nos prodigalizou com pequenas frituras no azeite. O risoto de cogumelos era previsível e, não sei como, muito mal executado. Meu marido me pareceu empolgado com o carpaccio, mas achou muito seco o peixe-espada ao limão, o que atestei discretamente com uma garfada. Quanto à minha milanesa de vitela, havia ar entre a cobertura crocante e a carne, o que eu julgava exclusividade das arapucas de Little Italy, em Manhattan, e não de um templo gastronômico numa terra de delícias a toda prova. Dispensamos as sobremesas e aceitamos o *amaro* da casa já que não tínhamos bebido vinho. A conta foi alta, a mais cara que pagamos no país, e só perdeu, na Europa, para a do *Botafumero*, de Barcelona, lugar notório de extorsão. Desejo dias melhores ao restaurante e creio que o sucedido foi um momento infeliz, desses em que o cozinheiro descobre que perdeu a mulher para o padeiro. Se o dinheiro não for sua preocupação, tente. Sem entusiasmo, não posso recomendar. Mas já foi uma grande casa.

Semana passada, recebi um e-mail da produção de um de nossos principais programas de televisão. Pediam que retornasse o contato tão logo pudesse, que o tema era de meu interesse. Conheço as manhas dos produtores e por isso fiquei quieta e nada respondi. Sem querer ser presunçosa, já tenho um nome bastante consolidado para que um simples convite para entrevista venha travestido do que não é. Ora, o interesse para que eu compareça é principalmente deles e bem menos meu. Dois dias depois me ligaram diretamente e, apesar de ignorar o número no visor, atendi a chamada. Um jovem meio atabalhoado de nome Jeff me perguntou se eu conhecia o talk show e disse admirar meu trabalho. "Minha mãe não marca um almoço de família em restaurantes sem consultar seu blog. Sempre comenta: vamos ver o que Sra. Pfeffer diz desse lugar. É incrível", disse.

Agradeci o cumprimento e já ia pegar a agenda para verificar minhas disponibilidades quando fui surpreendida pelo rapaz. Na verdade, se tratava sim de um convite, mas a atração não era bem quem eu estava pensando que seria. "Na verdade, Sra. Pfeffer, queríamos trazer ao programa seu marido, o Denis. É claro que a senhora é bem-vinda para acompanhá-lo, mas estamos querendo diversificar o perfil dos convidados e ele nos pareceu a pessoa certa. Isso porque é homem público, sem sê-lo. Está sempre em seus escritos, mas não é o protagonista, entende? O que me diz? Será que ele toparia? Dizendo melhor, será que a senhora permitiria?" Não pude conter um sorriso.

Ver Denis ao lado de Ephraïm Kotkin foi uma sensação e tanto. Já nas primeiras palavras, entendi que a produção acertara em apostar numa atração menos presunçosa, numa pessoa que diz com bonomia o que acha da vida. Não que a conversa tenha sido imune a surpresas, longe disso. Apontando para mim, falou de nossos primórdios no escritório e da maneira acidental como eu entrara no ramo da crítica gastronômica. Confessou que chegou a sentir algum ciúme de meu sucesso prematuro, mas que logo nossas energias tinham sido canalizadas para a doença de Justin. Nesse momento, um nó me subiu à garganta e só não peguei meu lenço porque sabia que uma das câmaras estava me focando. Mas ele logo passou adiante e disse que fora um homem muito privilegiado. Não somente casara com a única mulher que amou como ainda era convidado de honra, várias vezes por semana, a dividir a mesa de bons restaurantes na companhia dela, com todas as despesas pagas. "Você sabe como é, Ephraïm, minha mãe seguia a tradição e fazia o melhor *guefilte fish* do mundo. Imagino que a sua fazia o segundo melhor. Mas como nem todo dia era Rosh Hashaná, tínhamos que nos contentar com o trivial. Ela sempre dizia que não me queixasse, que pensasse no que ela mesma passara em Timisoara, depois da Guerra. E de repente eu, aquele rapazinho franzino, comecei a frequentar os bons lugares do mundo. E tudo isso sem saber etiqueta, só com *chutzpá*." Fanfarrão, sentindo que agradava, disse que mantinha a forma guiado por disciplina espartana, declaração que não estava de conformidade com a barriga proeminente e os suspensórios.

Sim, ele lá tem seu charme, meu marido, e gostei de sentir o quanto era ligada a ele. É disso que se faz um casamento, na verdade. Quando deixamos o estúdio, a adrenalina de Denis estava alta e o frio do estúdio o estava fazendo espirrar. Sugeri que deixássemos o chinês Hunan Garden para outro dia e disse que eu mesma lhe faria um caldo de frango naquela noite. "Ah, aspirina judaica? É uma ótima ideia."

Assim temos levado a vida, Denis Pfeffer e eu, que ainda corro o risco de perder o estrelato para meu consorte.

A casinha de telhado azul de Sato-san

Semana passada, eu, Oki Sato, completei 79 anos. Na manhã da data, saí de casa mais cedo do que o costumeiro. Vestindo meu melhor terno de verão, o de linho irlandês, cortado sob medida numa alfaiataria de Ginza, comprei o *Asahi Shimbun* por puro hábito, visto que não tinha intenção de ler jornal no trem. Desde a aposentadoria, estou curado do vício da notícia fresca, fato que tanto pode sinalizar bom estado de alma quanto uma lassidão a ser combatida. No trajeto entre Funabashi e Shinjuku, fiquei absorto em pensamentos tão envolventes que cheguei a cochilar de boca aberta, como se estivesse a meio caminho de um transe.

Naquela manhã, eu precisava ir à torre da grande estação ferroviária da capital porque era lá que tinha que pagar uma promessa feita a Suzana Fried, a pedido dela própria, quando me visitou no Japão. Só depois de cumprida a missão, iria aos jardins do Palácio de Akasaka, um dia depois de nosso Imperador anunciar que tinha chegado a hora de ceder lugar ao Príncipe. Tóquio estava úmida, como é comum em agosto, e, mais de uma vez, sorri ao pensar na felicidade que vivera apenas um par de anos antes, por ocasião da viagem da amiga.

Será que envelheço? É óbvio que sim, apesar de cuidar da forma e de ter as mesmas medidas que tinha há meio século. No trem, adolescentes em uniforme riram de mim e, como fazem as japonesas de todas as idades, colocaram uma mão em concha sobre a boca. Para elas, velhos gagás sorriem sem motivo aparente. Mas devolvi-lhes o cumprimento, benevolente e fidalgo, o que só avivou o vermelho de suas bochechas afogueadas. O que sabiam elas da vida? E de mim?

Imagino que a maioria das pessoas que me veem sair da loja de conveniência carregando as pequenas compras diárias, certamente pensa que sempre fui um pacato professor cuja vida transcorreu entre a casinha de telhado azul onde vivo, a universidade onde fui professor de línguas ocidentais, e uma escapada ou outra até os campos de golfe do norte de Honshu. Talvez elas não estejam de todo erradas, se considerarmos a última década. Mas bem diferentes eram os cenários no fim dos anos 1960, quando eu vivia em Bangkok, cidade que me marcou por razões tão diferentes quanto prosaicas.

Primeiro, pelo calor equatoriano que pretextava banhos revigorantes na piscina da associação dos correspondentes estrangeiros em que eu conseguira me infiltrar. Segundo, pela gentileza do povo e inigualável doçura das tailandesas, a quem me entregava diariamente para longas sessões de massagem que, não estando sempre ligadas à luxúria, não raro envolviam sexo e cumplicidade. E em terceiro, pelas maravilhas de uma culinária a que me acostumei a ponto tal que a cultivo até hoje em jantares solitários sob os letreiros de Shibuya ou, quando tenho convidados, em Harajuku, opção que me atrai menos devido à frequentação juvenil e espalhafatosa.

Naqueles dias de Bangkok, contudo, encadearam-se alguns dos fatos mais inusitados de minha vida, que começa a se fazer longa. Se tinha por norma evitar os inferninhos de Patpong onde a soldadesca americana bebia até cair nos poucos dias de folga que tirava da Guerra do Vietnã, eu, por outro lado, gostava de frequentar os bares dos hotéis onde conversava com estrangeiros como eu, o que permitia que exercitasse minhas habilidades de linguista prendado, uma raridade em meu Japão de origem - se posso me permitir tanta presunção. Ademais, era ali que colhia informações que, em alguma medida, podiam ajudar o bem a prevalecer sobre o mal.

Foi assim que certa tarde de sexta-feira, quando o período chuvoso já tinha chegado ao fim, fui ao bar do velho Hotel Dusit Thani. A recepção estava congestionada. No anexo, aglomerava-se uma tribo de gente no mínimo estranha. Perguntei a Sudesh, o garçom, o que acontecia. É que o hotel estava sediando um congresso de cartomantes, quiromantes e videntes de toda a Ásia. Então, complementou: "Sato-San, por que não vai fazer uma consulta? Quem sabe eles não tenham uma boa nova a dar? Talvez digam que dorme sobre pepitas de ouro. Na Índia, nós temos pela vidência grande consideração."

Pedi mais uma cerveja e desconversei. Ora, pensei, nada havia de errado na vida que me levasse a querer especular sobre o imponderável. Recém-formado, bem remunerado, o dia a dia já me dava o bastante para ser feliz. Mas foi então que dois cavalheiros, de insuspeito sotaque berlinense, chegaram ao bar entusiasmados e começaram a conversar sobre um certo vidente chinês, o da tenda de número 8, tido como sumidade! Ambos tinham se consultado em separado e mal continham a euforia das confidências. Um deles revelou que o homem disse coisas inequívocas sobre seu passado na Segunda Guerra, a ponto de emocioná-lo. O outro se empolgou com as boas novas recebidas sobre o futuro e afirmou que elas estavam em linha com o que vinha planejando, fato de grande relevância tanto para alemães quanto para nós japoneses.

Tão impressionado eu fiquei com o depoimento daqueles dois, tidos como representantes de uma cultura racional e pouco dada ao que não se explica, que resolvi eu mesmo tomar coragem e ver o que o tal chinês teria a me dizer. Intercalei os copos de cerveja com uma dose de uísque e me dirigi ao recinto onde me postei numa das únicas filas que se formavam, justo à porta da oitava tenda. Mal sabia que aquela tarde se provaria tão importante e que, por razões certas ou equivocadas, teria impacto definitivo na minha vida.

Despertamos no primeiro dia do ano em boa sintonia. Abrimos os olhos quase ao mesmo tempo e, de mãos entrelaçadas, contemplamos durante alguns minutos o teto do quarto. Com a mão livre, eu lhe fazia carícias leves, quase respeitosas, embora não o bastante para camuflar um desejo crescente que, pelas circunstâncias, logo se transformava em ternura. Passada boa meia hora, nos levantamos e eu a ajudei a chegar bem ao banheiro, o que não era fácil. Pouco mais nova do que eu, Suzana sofria com uma calcificação que lhe aparecera no colo do fêmur, o que só se agravava com o frio do inverno. Não sei se decorria da enfermidade ou da medicação, mas ela parecia ter uma necessidade permanente de narrar o que acontecia à nossa volta e de relatar como se sentia. Uma oriental, ou uma japonesa em todo caso, jamais faria igual. "Tem dias que amanheço um pouco melhor. Mas, no geral, vivo grande expectativa entre o momento que abro os olhos e o que coloco os pés no chão. Nunca sei como estarão as pernas. E você, Oki? Dormiu bem? Espero que eu não tenha roncado."

Desde cedo aprendi a distinguir o cheiro das mulheres e, nesse particular, Suzana não me surpreendia. As orientais, dizia um italiano divertido que conheci no Hotel Oriental, cheiram a soja e alho. As ocidentais, cheiram a laticínios. "Vai da alimentação. Umas são uma chapa de teppanyaki. As outras, um pote da Danone Gervais." Mas me agradou o cheiro de Suzana que, naquela manhã, era de basílico.

Na estação de Shinagawa, embarcamos no trem-bala. Ela disse textualmente: "Como é lindo o *shinkansen*: branco, longo, baixo, com essa faixa azul-marinho na lateral e um bico de pato enorme para varar o ar." Eu apenas sorri com a narrativa. Acaso não era apenas o que víamos? Que sentido fazia recitar aquilo? Em minutos, estávamos aos pés do Monte Fuji. O topo nevado ora ficava visível, ora se escondia, à medida que navegávamos pelas águas encarneiradas do lago Ashinoko - na verdade, uma cratera vulcânica cercada de pinheiros. Falamos pouco, quase nada. Era como se ela se desse conta de que o silêncio é precioso, e que as palavras podem estragar até um cartão postal.

Voltamos à noite com a sensação de que a capital retomava o ritmo e fomos comer *soba*. Para nós os japoneses, os fios compridos da massa prenunciam vida longa. Expliquei-lhe que aquele lugar fora listado na internet por um *otaku* como um dos melhores da cidade, o que vale dizer do país. "A cultura *otaku* é divertida. São tribos urbanas formadas por colecionadores e aficionados em diferentes terrenos. Eles gastam muito dinheiro nos hobbies, mas terminam trazendo benefícios a quem lhes dá ouvidos." Suzana apenas sorriu. "Em iídiche, meu pai chamava essas pessoas de *maven*. São os especialistas em coisas pouco importantes. Daí terem fama de excêntricos."

No dia seguinte, fomos ver a saudação de Ano Novo do Imperador. Nas imediações do palácio de Akasaka, um mar de gente agitava bandeirinhas em direção ao parlatório blindado onde estava a família imperial. Chamavam a atenção os trajes da Imperatriz e das princesas. De longe, se percebia o tom adamascado de lindas cores repousadas. Atrás de mim, um velho gritava *banzai*. Almoçamos sushi em Ginza. Suzana disse que foi o melhor de sua vida e que amava as ovas bem formadas de ikura que lhe estalavam na boca. Depois da segunda garrafinha de saquê, me beijou com tanto afeto que enrubesci. Chegando ao hotel, lhe expliquei que o bairro onde estávamos era encavalado sobre Kanto. "É aqui que se produzirá o grande terremoto que devastará Tóquio nos próximos anos." Ela disse em inglês: "Convém então não despertar a ira da Terra e fazer movimentos suaves." Sorrimos.

Sentindo-a bem, levei-a à tardinha à Torre de Tóquio e subimos até a última plataforma. Ela colocou minha mão na sua. Enquanto o sol se punha e víamos a silhueta do monte Fuji, agora tão longe, Suzana disse que sempre sonhara com aquele momento. E que estava feliz que, no dia seguinte, fôssemos a Kyoto. "Pode não ser ainda a época das cerejeiras, Oki. Mas a essa altura já não posso me dar ao luxo de planejar a longo prazo." Pela segunda vez, me beijou ternamente. E sua nuca exalou um perfume que, por alguma razão, me remeteu ao entardecer da Tailândia. Estranhamente para mim, disse que eu não me preocupasse tanto com o cumprimento estrito da programação que eu tinha feito para nós dois. "Faremos só o que der." Ora, isso é bem pouco japonês, mas balancei a cabeça, obediente.

Logo pela manhã, caminhando a passos lentos na plataforma, embarcamos no *Nozomi* e comprei duas caixas de *bento* para o almoço a bordo. Ela gostou de saber que Nozomi significa esperança. "A mais bela das palavras em muitas línguas", disse antes de cochilar sobre meu ombro. A mão dela apertava a minha. De vez em quando, eu lhe flagrava os olhos azuis bem abertos a contemplar arrozais, casinhas ao lado dos trilhos e picos nevados.

Suzana se apaixonou por Kyoto à primeira vista, desde o passeio em Gion. As ruelas tortuosas, muitas delas iluminadas apenas por lanternas, tinham restaurantes exclusivos e por elas transitava as jovens em quimono de seda que ela pediu para fotografar. Voltamos a passos curtos até a pequena casa particular onde eu alugara um quarto oriental. Ela ficou bela de *yukata*, com os seios redondos saltando para fora do decote baixo. "Nisso eu ganho de suas patrícias, não é?" Eu não sabia o que responder e apenas sorri. Dei-me conta ali que jovem, eu era antes de tudo um homem mais simples, mais espontâneo. Seria um bônus da vida por viver longe do Japão, onde somos todos o oposto? Jantamos shabu-shabu de língua de boi com saquê abundante.

Na manhã seguinte, fomos passear no Caminho do Filósofo, uma sendeira ornada de templos, bosques, galerias e pequenas casas. Olhando-me nos olhos, ela disse que já não precisava sonhar com o paraíso. Agora já o conhecia. *A-so-desu-ka*, foi tudo que consegui dizer.

O vidente pegou minha mão direita e fez perguntas em mandarim sobre a data de nascimento e horário. Consultou então um grande livro, demarcou três pontos em tinta porosa preta na palma suada e começou a falar pausadamente de forma que nada se perdesse, sempre pontuando o que lhe parecia crítico com um convite para que eu o olhasse nos olhos, um costume nada oriental.

Disse que eu teria pela frente vida longa e gozava de saúde. Falou da morte de meu pai numa batalha que envolveu ar, fogo e água e, para minha perplexidade, disse que minha mãe convivera com personalidades da família sagrada. Como aquele homem poderia saber que ela privara do convívio da Imperatriz Nagako? O que naquela ciência cheia de mistérios tinha evidenciado que, de alguma forma, algo me unia ao Trono do Crisântemo?

Complementou afirmando que eu viveria uma paixão correspondida com uma mulher do Ocidente. Era possível que surgisse das rodas acadêmicas ou das viagens que eu me permitia fazer anualmente. Mas que me mantivesse distante dela, por muito que viesse a desejá-la, pois a morte se abateria sobre um dos dois pouco tempo depois de uma noite de amor. Então me fixou por um longo momento e advertiu-me para que jamais esquecesse essa verdade. Não consegui sorrir nem agradecer. Saí com a boca seca e estava ofegante. Sudesh nada perguntou e estava sem jeito ao me servir outra cerveja.

Um ano deve ter transcorrido desde então. A Guerra do Vietnã recrudescia. Até que um dia compareci a um culto ecumênico nos jardins da embaixada dos Estados Unidos em memória dos soldados mortos e cujas famílias estavam acantonadas em Bangkok para vê-los nas horas de folga. Eu mantinha um vínculo forte com alguns oficiais americanos pois cabia a mim recrutar moças vietnamitas que traduziam escutas telefônicas e prestavam serviços de apoio e contraespionagem.

Aquele dia, portanto, foi especialmente triste. Isso porque Chaim Fried, um rabino voluntário que dava conforto espiritual aos soldados judeus lotados em Saigon, faleceu ao cabo de uma malfadada incursão à selva.

Morrera carbonizado na explosão do helicóptero que partira em socorro a tropas emboscadas. Fui prestar condolências às famílias e daí conheci Suzana Fried, a viúva. Naquela mesma hora, me dei conta de que jamais veria mulher tão exuberante. Os olhos eram dois lagos. Os lábios tinham cor de romãs da Anatólia. Os cabelos eram dourados e, era espantoso, pareciam ter vida própria. Transida pela dor do luto, achei que me cumprimentara formalmente e que sequer se fixara num japonês como tantos outros. Acaso os ocidentais não acham que nós orientais nos assemelhamos todos? Mas, surpreendentemente, não foi assim que as coisas se desenrolaram.

 Meses mais tarde, numa recepção ao corpo diplomático na área descoberta do hotel Oriental, numa noite iluminada pelos tocheiros sobre o rio Chao Phraya, eu observava com discrição os movimentos do embaixador da Malásia, um eventual aliado regional. Foi então que uma voz feminina perguntou-me se já não nos conhecíamos. Confesso que antes mesmo de me virar, já intuía quem podia ser. Nem tanto pelo timbre americano, mas pelo frisson que me sacudiu. Calmamente, com toda serenidade que pude reunir, disse que sim, que era um prazer revê-la, como se não soubesse exatamente de onde a conhecia - fingindo obedecer ao melhor estilo *tatemae*. de nossa tradição. A execução foi exitosa visto que ela estendeu a mão. "Suzana. Acho que estava no serviço em memória de meu marido, o rabino Fried. Parece que vocês eram amigos." Fiquei sem saber como desmentir, mas não tinha como insistir no contrário. "*Not really*. Mas era como se fôssemos mesmo porque nosso lado era o mesmo e tínhamos amigos em comum. Não sabia que continuava vivendo na Tailândia."

Então ela discorreu sobre sua vida com a franqueza própria dos americanos, indo muito além do que eu ousaria perguntar. "A partir do próximo mês retomo minha formação em línguas orientais em Nova York. A vida continua um grande vazio. Chaim e eu não tivemos filhos. Quando terminar o que falta, queria me estabelecer de novo na Ásia, de preferência no Japão, mas pode ser na Coreia."

Em seguida, quis saber mais a meu respeito, o que é sempre um pouco desconcertante. Nós orientais não temos o costume de falar de nós mesmos para quem não se conhece bem. No final, quando já não restara mais nenhum convidado, apenas os funcionários sonolentos, pegamos o barco até o hotel e, sobre a mesa da recepção, trocamos nossas coordenadas. "Vá me visitar no Brooklyn. Essa guerra infernal não deve tardar a terminar." Meses mais tarde, quando minha cabeça disciplinada já a colocara num ponto remoto do pensamento, o que não me impedia de pensar nela, tive notícias - escritas no mesmo estilo direto. Li e reli a carta. Pensei no vidente do Dusit Thani e baixei o tom da resposta deliberadamente.

No final dos anos 1980, contudo, eu a visitei em Nova York. É óbvio que continuei a evitar um relacionamento por temer que se materializassem os vaticínios tenebrosos. Dissociada do judaísmo, Suzana disse que os familiares de origem sul-americana viviam todos em Williamsburg, numa comunidade de judeus ortodoxos.

Ela optara por um pequeno apartamento no Greenwich Village e, a muito custo, eu resisti a ficar hospedado lá. Devotada às aulas de ioga e professora de coreano em Columbia, Suzana exalava vida. A meio caminho entre chocado e fascinado por aquela mulher que gostava de dançar e esticava no Nell's até o dia raiar, o que eu poderia fazer?

Numa noite de bebedeira, ela me disse que esperara por mim quase vinte anos e que não podia entender o que nos tinha impedido de tocar a vida juntos. "Eu era tão bela e me apaixonei tanto pelo teu coração quente, pelos teus modos contidos, por tua altivez. Nunca vou entender, Oki-san, porque nosso momento nunca chegou. Queria saber se um dia ainda chegará, mas já não creio". Eu só consegui baixar a cabeça e pedir desculpas. No fundo, dava para imaginar o que ela pensava sobre minha sexualidade. Toda especulação era possível, menos a de que eu renunciara a ela por amor - que era a única verdadeira. E tudo isso, a conselho de um inverossímil vidente chinês.

Na nossa viagem, Suzana achou num antiquário de Nara duas lindas tartarugas; um bule de chá antigo e um pássaro verde que mais parecia aqueles que vemos em origamis. A própria dona do local fez elogios ao critério dela. Observei que não era nem uma compradora compulsiva - o que repudio mais do que a morte - nem tampouco somítica, o que é imperdoável num coração feminino em tempos de paz. Tinha senso de equilíbrio e as compras tinham linha de coerência. Ela quase não precisou de mim como tradutor.

Na verdade, falávamos em inglês porque fora assim que tínhamos nos conhecido e correspondido. Embora especializada em coreano, ela também estudara japonês até níveis avançados. Certa manhã, afinal, partimos para Hiroshima e Miyajima, onde ela sonhava em ver o tori. "É sempre um prazer viajar de *shinkansen*", retomou a estranha narrativa. O ponto alto foi a tarde. Ela fitou o céu e contemplou o que imaginava ser os 600 metros de altura em que foi detonada a bomba atômica. Ao fundo, víamos a estrutura do velho prédio projetado por um tcheco que lá está até hoje. Então choramos por nós. Talvez mais do que pelo destino da bela cidade, as lágrimas discretas de cada um se deviam a nosso fado, e não à conflagração nuclear.

Na última noite em Kyoto, levei-a para comer o famoso *kaiseki*. Suzana merecia não menos do que isso e a esposa do dono veio nos saudar pessoalmente, trazendo um presente. Eu nunca pagara tanto por um jantar a dois. Ainda pensei em lhe revelar o lado mais recôndito de nossa relação que, sem que ela soubesse, nasceu condenada. Mas esmerei-me em explicações sobre cada um dos quatorze pratos que compunham o jantar magnífico como forma de passar ao largo do vidente. Tampouco dei espaço para que ela falasse sobre a doença. "Tudo no Japão pede comida. Não sei como vocês se mantêm tão esbeltos." Fui obrigado a rir.

Já em Tóquio, subimos ao sexagésimo andar de um prédio em Shinjuku de onde a cidade se esparramava com esplendor. Então, ela chorou e me fez prometer coisas singelas. Se eu não a esquecesse, ela sentiria as boas vibrações onde quer que estivesse. Poderia lhe prometer que um dia, numa data que fosse relevante para mim, voltaria àquele cenário e pensaria nela?

Na última noite, ela insistiu para que dormíssemos em minha pequena casa, em Funabashi. Tentei dissuadi-la a caminho. Percebi que a roupa estava ficando frouxa. Chegando lá, ela me pediu um chá. Pouco mais, estávamos na minha cama. "Tenho duas sensações, Oki. A primeira é que a vida humana é mesmo frágil e que tirei da minha o que pude. A segunda é que só conheci dois amores, apesar dos flertes. Chaim, meu eterno rabino e marido, e você, que não deixou que as coisas progredissem. Perdoe-me por ter ignorado seus limites e invadido assim sua casa." Então riu. "Depois que nos conhecemos como homem e mulher, vou morrer mais reconfortada."

Passados alguns anos daqueles dias, voltei ao edifício de Shinjuku onde lhe prestara juramento. Do alto, também agradeci a meu modo pela dádiva de tê-la tido, mesmo que tenha sido a poucos meses do fim - o que só reforçava a tese do vidente chinês que eu conhecera na juventude. Muitas vezes me pergunto: somos nós japoneses o povo mais ateu do mundo ou o mais espiritualizado? Jamais saberei. Certo é que peguei o metrô em Akasaka-Mitsuke e saltei nas cercanias do Palácio Imperial.

Fiquei um bom momento parado sob o pórtico onde tiramos uma das poucas fotos que trago no bolso de meu paletó de linho. Em respeito ao Imperador, de cuja mãe a minha própria foi dama de companhia, mantive a gravata azul-marinho e relevei o suor que empapava a camisa de algodão branca. Sabendo-o aflito e inseguro quanto à sua saúde, rezei pela segunda vez no mesmo dia e, perfilado ao lado do lago, pensei na Bangkok dos anos 1970, e em tudo que eu fizera desde então.

    Talvez o vaticínio do vidente tenha sido mero pretexto para que, no fundo, eu pudesse levar a vida do jeito que julgava adequado, em nome de grandes causas. Mas não havia como negar que os dias que passei com Suzana Fried foram de felicidade suprema. Certo é que o sol ainda brilhava quando voltei de trem para Funabashi e entrei em minha pequena casa de telhado azul. Dessa vez, as meninas não estavam no trem para sorrir de meus cochilos e do jornal intocado.

Antes pelo contrário

Querida Catherine, Como tenho proposto cada vez mais nos últimos meses, deixemos as guirlandas e os adereços para o final e vamos ao que interessa, se é que você vai ter paciência para acompanhar sua velha amiga até o fim desta carta que, prometo, será breve. Não tanto por amor à concisão (por que haveria de tê-lo nesse estágio?), mas pelo respeito a seus afazeres e, muito cá entre nós duas, antes que me assalte outro surto de náuseas e de vômito como aconteceu semana passada. Isso explica em parte porque não respondi às suas chamadas, mas registro com alegria as flores e os chocolates, muito embora a Dra. Megan, ao vê-los decorando minha mesinha de trabalho, agora de escasso uso, disse que eram para os netos. Daí ter instruído todos para que os mantivessem longe de mim - como se a glicemia galopante não tivesse se tornado um mal menor, e como se houvesse no labirinto desta velha casa algum recanto que eu desconhecesse. Mas lá vou eu de novo...

Devo dizer que reli desde o nosso último encontro o meu *Antes pelo contrário*, e entendo sua posição de que deveríamos publicá-lo. Mas aqui temos o primeiro dilema que quero dividir com você. Ora, se o lançarmos enquanto eu estiver viva, Mark vai me esfolar, e não poderei lhe tirar de todo a razão. Se já não tenho muita pista pela frente, com que direito posso espalhar bananas de dinamite no caminho dele? Acho até que tenho o direito a ter uma biografia que ilumine as zonas sombrias. Muito embora, moralmente, criar embaraços ao meu filho não seja digno de aplauso.

O segundo óbice é prático: a quem beneficiará este livro de despedidas, se não terei o prazer de discutir com o público leitor alguns capítulos, e muito menos se não poderei me valer do cheque gordo que você assinaria para que eu fosse nadar no Mar da Galileia? A combinação de ambos os fatores me desanima e nem você pode fazer nada a respeito.

É claro que resta uma razão bastante forte pela qual eu deveria liberar o livro para publicação. Depois das onze obras que nos enlaçam, e de trinta anos profícuos de cumplicidade, seria uma espécie de presente póstumo que eu te deixaria e, com sorte, se não aparecesse à época um desses blockbusters que abduzem o mercado, *Antes pelo contrário* venderia o bastante para que você reforçasse a herança de sua netinha, ideia que não me desagrada, apesar de entender que os jovens têm que cavar suas trincheiras com engenho, na falta de terem a ousadia que sempre nos embalou. Aliás, não tivesse sido por você e pela pequena equipe da Action & Art, eu não teria chegado até aqui. Seria justo, admito, que eu me despedisse da vida literária e da biológica com algo que estivesse à altura dos tantos títulos que o antecederam. Daquele dia em Frankfurt até hoje, lidamos com o meio-

-dia e a meia-noite - muito mais com o primeiro do que com a segunda.

E no entanto, minha boa Catherine, eu própria gelei à mera releitura de *Antes pelo contrário*. Não sei se cheguei a dizer, mas vinha escrevendo-o ao longo de dez anos à base de uma página por semana - com maior ou menor regularidade. Assim, jamais tinha me ocorrido relê-lo de um só fôlego, como fariam os leitores. Tendo a Dra. Megan estimado que eu teria algumas semanas de paz pela frente, e tendo eu mesma tirado da cabeça que o uso da morfina sintética me lançava impiedosamente na vala comum dos drogados que tanto abominei, vi que reunia condições para ler o arquivo.

Aproveitei os dias de sol para revisitar as passagens remotas de minha longa vida, que, aliás, jamais me pareceu tão curta quanto agora (perdão pelo clichê requentado). Mas à medida que avançava, Kate, juro que cheguei a cogitar de apagar o arquivo e esquecer a empreitada. É isso mesmo. Não sei se vou liberar o livro. Hoje ainda estou em dúvida.

Retomo esta carta depois de uma pausa de quase dois dias, minha querida. Mark esteve aqui para uma visita domingueira e, sem saber o que dizer, começou a inquirir sobre minha vida bancária, como se eu tivesse alguma conta secreta num paraíso fiscal. Percebendo que a investigação não estava levando muito longe, mudou de assunto e, envergonhado, perguntou como eu estava me sentindo. "Muito bem, meu filho, tudo o que não quero é dor ou hospital. Enquanto estiver por aqui, vendo meu jardinzinho e ouvindo o noticiário desse mundo horrível que vai ficando para trás, estou feliz."

Em *Antes pelo contrário*, Kate, registrei tudo sobre Mark. Imagino o desespero dele na hora que souber que seu pai de verdade é Abe Kellerman, e no inferno que se transformaria sua vida. Se o conheço bem, uma vez refeito do susto, ele iria abordar o espólio do pai para ver se ainda podia ser acomodado na herança. Não esperaria sequer que eu já estivesse no túmulo.

Lembro aqui para você do dia em que disse a Morris, talvez até tentando forçar uma separação, de quem Mark era filho. "Isso não muda grande coisa, minha cara. Conosco ele estará muito bem. Eu sabia que seu retiro literário teria consequências. E não perca suas noites de sono pensando em quando me revelará que nossa Esther é filha de Bernard. Eu e Ada já falamos muito a respeito, e nos divertíamos com a ideia de que formávamos uma família única e original. Sempre soube que não podia ter filhos. Se não disse antes, foi porque pensei que você também não queria. Se eles nos trouxeram alegria, o que menos me preocupou foi culpá-la por passos em falso. Vamos lá, reconcilie-se com você mesma e não pense besteira."

Poucas vezes me senti tão idiota. A verdade é que o peso da revelação da verdade aos filhos ficou exclusivamente nas minhas costas.

Do pai natural, Mark herdou a superficialidade, a alma romântica tendente à idiotia, a incrível capacidade de se deixar ludibriar pelas pessoas e o gosto pelo gesto extravagante, talhado para entreter plateias. A diferença é que Abe tinha uma grande voz. E ela abafava os vagidos do ego desmesurado. Assim são os artistas. Já Mark é um rapaz sem brio, aprisionado por uma vaidade oca e narcisista.

    Esther era outra história. Tinha a bonomia de Bernard, aqueles olhos cintilantes e aquosos, e um sorriso franco que jamais poderia ser o meu. Algum cisco entrou na nossa relação desde cedo e nunca conseguimos nos desvencilhar dele por completo. Quando aconteceu o acidente e perdi-a bem a meu lado, parecia que uma reconstrução estava em curso, mas jamais saberei o desfecho. Tive a felicidade, ou a infelicidade, de jogar tudo na literatura. Bernard apenas começava a construir uma conexão emocional com ela e me deu um abraço cheio de soluços no enterro. De todos nós, no entanto, foi Morris quem mais sofreu.

    Quando recebo os filhos de Mark aqui em casa, olho com desalento aquelas criaturinhas que logo tomarão posse de meu amado endereço de Hampstead. Se pudesse, atearia fogo à casa e eles receberiam o seguro. Que Mark construísse o que quisesse e onde quisesse. Mas saber que eles logo estarão por aqui ao lado daquela mulher sem sal nem estilo, me entristece bastante.

    Se minha Esther tivesse tido filhos, sei que seriam bem diferentes. O principal personagem feminino que construí, e que me deu o fio condutor para concluir três livros, foi presente dela. Quando falo de Pamela, é a ela que me refiro. De Zoe, da netinha que eu poderia ter tido. Disso você bem sabe, mas quero deixar um registro para que, na falta do livro, você possa um dia mandar esta carta a leilão e tomar muitos chás no Ritz por minha conta. De Mark, tirei elementos para fazer Noah, de *A arca adernada* - até hoje seu favorito. De Morris, tirei os atributos físicos: o belo homem que ele permaneceu a vida toda.

Pode haver gente mais meiga e mais chata do que fisioterapeutas? Mas deixemos isso de lado e vamos às manchetes desta singela vida que se esvai. Fui aceita no MI6 em fins dos anos 1970, quando deixei Leeds de vez e optei por morar em Londres. Já estava vivendo em Malta com Morris quando os russos me abordaram. A escapada de Kim Philby para Moscou a partir de Beirute fez um estrago nas nossas redes. Desiludida, pouco propensa a ficar do lado perdedor em qualquer hipótese, fui presa fácil para a inteligência soviética. Morris nunca tentou me dissuadir de meus passos e desconfio hoje que ele sempre soube muito mais do que deixava aparentar, o que me dá essa estranha sensação de ainda estar sendo observada, tantos anos depois de sua morte.

Estive ativa em ambos os lados do tabuleiro até o fim da era Maggie Thatcher. Então, saímos de Chipre, nosso último posto, e voltamos para o Reino Unido. Tendo sobrevivido a todas as verificações, resolvi que me tornaria uma versão feminina de David Cornwell (ou deveria dizer John Le Carré) ou de Graham Greene - que nunca cheguei a ver. Sim, queria viver de literatura. Foi então que nossos caminhos se cruzaram. E aí você me ajudou na reinvenção de mim mesma, Catherine.

O cerne narrativo de *Antes pelo contrário* está ancorado no pós-Guerra. Meu pai voltou condecorado, mas miseravelmente inválido. Purgou longo calvário e só veio a morrer em 1957. Àquela altura, eu já tinha 14 anos e boa parte da vida tinha sido da mais pura agonia. Minha mãe casou no mesmo ano com o melhor amigo dele, um colega de regimento chamado Barry Westley, que se separou para ficar com ela. Na época, isso não era tão comum, você bem sabe.

No primeiro Natal depois do casamento, descemos para festejar com os pais dele, em Brighton. Lembro de uma encosta salpicada de neve quando chegamos. Nosso judaísmo, como o de boa parte dos britânicos, estava guardado em algum armário e só ressurgiria mais tarde, mesmo assim em tons pálidos. Barry era bonito e envolvente, e estava sempre bem vestido. Compareceu uniformizado e cheio de medalhas à ceia de Natal e eu achei que era para impressionar minha mãe. Naquela mesma noite, depois que eu já tinha apagado a luz na casinha dos fundos do chalé, vi quando ele entrou. Sentado na cama, disse que eu ficasse deitada e começou a me acariciar os cabelos. Elogiou-lhes a sedosidade. Sim, ele foi um grande amigo de meu pai, dizia. Pouco a pouco, a mão dele começou a passear pelo meu corpo e fechei os olhos, tentando imaginar a escuridão absoluta, aquela que sequer existe no mundo físico, só na imaginação dos desesperados.

Lembro que no dia seguinte fomos almoçar na casa de conhecidos, em Eastbourne, e ele me presenteou com uma coletânea de Somerset Maugham. "No próximo ano, vou apresentá-la à obra de Evelyn Waugh." Na volta a Leeds, parecíamos ser a mais feliz das famílias. Minha mãe retomou o trabalho na papelaria da família e Barry - que me pediu para chamá-lo de papai quando quisesse, sem pressa - me tinha como uma espécie de brinquedo cativo, um objeto de lazer que ele podia bolinar quando bem quisesse. Lembro-me de uma vez em que ele me acariciava com uma mão e com a outra segurava o jornal, enquanto comentava o noticiário, grandiloquente como os canalhas sabem ser. "Você pode imaginar isso? Dentro de muitos anos, milhões de pessoas saberão o que estavam fazendo ontem a essa mesma hora. O assassinato do presidente Kennedy é uma dessas coisas de indizível brutalidade. Que nível de bestialidade pode levar alguém a cometer uma insanidade dessas?" Juro que vi lágrimas nos seus olhos.

Estive à beira do suicídio algumas vezes e até hoje tenho pensamentos ambíguos a respeito, como se não tivesse tido coragem de comparecer a um encontro marcado, muito embora a esquina onde ele aconteceria esteja lá à minha espera, se assim decidir. Chego a pensar que Mark percebeu minha intenção num dia de verão londrino quando tranquei todas as portas e deixei a pistola de serviço de Morris ao alcance da mão, numa prateleira alta o bastante para que eles não conseguissem enxergar. Fazia dias que eu não dormia. Mas Mark me olhou de um jeito tão suplicante que mudei de ideia.

"Pare de se odiar", disse Morris ao voltar do pub naquela noite.

Então veio o primeiro livro, que saiu por uma editora sem expressão. Meses mais tarde, o telefone tocou e era da Action & Art. Foi graças a você, Catherine, que voltei à tona e pude reciclar o lodo da vida - tanto o aparente quanto o invisível. No meu curto percurso profissional na área de informação, fiz um mal imenso a algumas pessoas. Daí ter me sentido um pouco impostora sempre que o telefone tocou e me vi agraciada com algum prêmio. "É bom para as vendas", como você diz.

"A editora Action & Art informa ao público em geral que tomou as medidas legais cabíveis para publicar o que seria o último livro de sua autora Rebeca Pearl (Z"L), a despeito de ações especulativas levadas a efeito por Mark Blum que, desde a morte da escritora, vem procedendo a um aviltante leilão da obra. Tal atitude deu ensejo a vazamentos de trechos que lhe subtraem o ineditismo, e mancham a apreciação do conjunto do legado de uma das mais proeminentes escritoras da atualidade, e certamente a mais prestigiosa integrante de nosso catálogo. Contrariamente ao que se vem dizendo, o fato de ser nominalmente referido em diversas passagens de *Antes pelo contrário,* não dá ao Sr. Blum o direito de se valer da obra para obtenção de vantagem pecuniária particular. A Action & Art poderá provar em juízo as inúmeras reticências que pautavam Rebeca Pearl nesse tópico em particular. As condições da morte da autora não deveriam se prestar a tão lamentável devassa de privacidade. Demais, os interesses do Sr. Blum estão devidamente contemplados no espólio da falecida, inclusive os derivados da publicação da obra em questão."

"Por fim, é nosso dever reiterar que Rebeca Pearl é mais do que uma escritora britânica de merecido prestígio. A história de sua vida pessoal - toda ela permeada de dores muito próprias do universo feminino de meados do século passado e, lamentavelmente, ainda corriqueiras nos dias de hoje -, de par com alguns dos grandes eventos políticos e militares de seu tempo, lhe conferem a primazia de descansar em paz, na companhia soberana de seus leitores, a única que se revelou imprescindível ao exercício de viver, de que, lamentavelmente, abriu mão de moto próprio, como é sabido. Cordialmente, Catherine Roth."

Homme à femmes

Sentado no terraço do La Rotonde, no coração de Montparnasse, Maurício Blatt tentava se concentrar nas *Lettres d'Orient*, de Flaubert, tendo à frente um copo de Muscadet, um pires onde deixara duas moedas, um cinzeiro vazio e o telefone que, mais por hábito adquirido do que por necessidade real, ele olhava de relance. A tela piscava a todo instante, mas isso não tinha importância. Eram só seguidores de redes sociais que despejavam *likes* nas fotos de suas andanças pela cidade.

Na véspera, tinha ido ao restaurante onde comemorou com dois amigos parisienses o fim amigável, tanto quanto possível, do relacionamento com a inglesa Carla Whitehill.

Tirando a caneta do bolso interno do blazer, sublinhou um trecho de grande banalidade, mas que lhe pareceu naquele momento especialmente gracioso. Sobre a viagem ao Cairo, diz Flaubert: *Une des plus belles choses, c'est le chameau. Je ne me lasse pas de voir passer cet étrange animal qui sautille comme un dindon, et balance son cul comme un cygne.* Ler que um camelo saltita como um peru e se requebra como um cisne, merecia um bom gole de vinho.

Maurício não se enganava. Aquela reação era um leve indício de felicidade. A tarde da primeira semana de setembro chegava ao fim. Em Buenos Aires, ela apenas começava. Esperava que Dolores, a paraguaia que trabalhava com ele há anos, não se esquecesse de regar as plantas. Ultimamente, ela andava tão distraída que ele chegava a temer que algo de ruim lhe acontecesse. A vida tem isso de fascinante: será que já ocorrera à velha índia que um dia alguém em Paris pensaria nela com mais carinho e cuidado do que seu próprio filho?

"Isso pode mesmo parecer um pouco bizarro. E é. Mas eu não nego que sinto um enorme alívio. Passava da hora de Carla reatar com a vida de família. Essa aventura, se a gente pode chamar assim, estava se estendendo além da conta. Na falta de uma perspectiva de futuro, não estávamos sequer curtindo o presente. E o presente era tudo do que precisávamos. O presente é um não-tempo e, simultaneamente, todo o tempo que temos. As brigas estavam me deixando infeliz, juro. Imaginem que um dia, em Roma, eu aleguei uma reunião de trabalho e passei a tarde fora, sozinho, rezando para não esbarrar com ela em algum café. A essa altura, espero que ela já esteja em Saint-John 's Wood, e que Londres e o marido a acolham bem. Não tenho do que me queixar de tudo o que vivemos. Mas do médio prazo em diante, era uma relação insustentável."

Isso dito, Maurício levantou um brinde. Anatole, entrado nos 50 anos como ele, e sem um fio de cabelo, sorriu com os dentes alvos e os olhos azuis. Gilles, de quase 70, com o bigode amarelado de cigarro, levantou os ombros. Foi ele quem disse: "Importante é que haverá sempre um caminho para a volta, se for o caso. Não se sabe nunca. Admitamos até que, sob muitos aspectos, vocês combinavam bem."

Por um minuto, ninguém sentiu vontade de falar. O vinho operava seu milagre - calando as línguas e aquecendo a alma. Julgamentos e conclusões pediam uma trégua. Mesmo porque não estavam num lugar qualquer. Maurício Blatt, em especial, amava o *Le duc*.

Maurício frequentava o restaurante desde os anos 1990, quando fora levado a pesquisar alternativas que agradassem o paladar difícil de seu ex-chefe, um banqueiro que costumava se recolher cedo e tomar uma sopa no quarto de hotel. Um desses homens que não viam prazer algum em comer. Com algum jeito, à custa de tentar lhe provar que nada se comparava a um jantar decente para que se instaurasse um bom clima entre seu confrade francês e ele próprio, o velho Lázaro Goldlust abriu a guarda. E, temeroso de que tentar outro estabelecimento fosse lhe tirar o elã recém adquirido, nunca quis trocar de endereço e tentar outra coisa.

No começo dos anos 2000, pouco antes de morrer, aconteceu de Maurício levá-lo lá até três vezes na semana, e era o olho atento de Christophe, o maître, que avaliava à distância se não era tempo de propor uma alternativa a seu peixe favorito, o *filet de bar au basilique*. Mas, na maioria das vezes, era este o peixe que prevalecia, antecedido por uma pequena sopa de legumes frescos que não constava do cardápio mas que Olivier providenciava para aplacar a impaciência do comensal bissexto. Em suma, aquele restaurante sóbrio integrava as melhores lembranças de Maurício, que ali reuniu os dois amigos mais próximos.

Um pouco à sua revelia, Maurício se tornara o que seus amigos franceses gostavam de denominar um *homme à femmes*, denominação cara a Anatole em especial, homossexual sem peias na língua, e antigo diretor do banco em Paris, agora convertido a pintor. *Non, non, non* rebatia Maurício, no limite da irritação.

"Há de se entender as circunstâncias da vida de cada um. Como nunca quis ter família, é normal que as mulheres tentassem me laçar para fundar uma. Some-se a isso, todos esses deslocamentos, e vocês verão que seria humanamente impossível ficar só. Gosto da companhia delas, sinto falta até das oscilações de humor. Quando a cotação de uma despenca, tem a da outra que sobe. Você é vendedor numa ponta e comprador no pregão. Ser banqueiro, vocês sabem bem, é um ofício que impregna. A gente fica condicionado a dividir os riscos. Dediquei quase 30 anos ao velho Lázaro. Digamos que as mulheres sejam meu prêmio pelo bom desempenho, um bônus que a vida me deu. Mas Carla estava se tornando um ativo tóxico, do tipo *junk bonds*."

Maurício morava em Palermo, uma espécie de mundo à parte no coração da única cidade em que poderia viver ao sul do Equador. "Não é porque nasci lá, mas

Buenos Aires é imprescindível para minha alma", costumava dizer. Faltando dois dias para viajar para a Europa, ele convidara Laura ao *Sottovoce*, que era seu local preferido, e comunicou-lhe que a história deles não podia continuar. Ela só chorou.

"Tenho 56 anos, *cariño*. Não tenho o direito de estragar a primavera de sua vida, no auge de seus 35 aninhos. Vivo o outono, qualquer hora dessas será inverno. Você vai achar alguém à sua altura e vai esquecer o velhinho aqui. Alguém que te leve para ver Elton John em Las Vegas. Arco com as consequências, não pense que é fácil para mim, mas é só uma questão de decência."

Laura Gris insistiu em que a vida a dois lhes faria bem, que ela cuidaria bem dele, que não era mais nenhuma deslumbrada com noitadas e extravagâncias. "Por você eu abro mão de ter um bebê, *listo*. Se é este o problema, ele já não existe. Aliás, não sei se já te disse, mas tenho ovário policístico. Está feito o trato. E vou cuidar da casa e de você. Pode até dispensar a Dolores que eu reorganizo sua vida para melhor. Vamos caminhar em..."

Emocionado, ele interrompeu. "Nada será empecilho para que você tenha um bebê tão lindo quanto a mãe. Mas não será comigo, não tenho vocação para a tarefa. Fazer é até bom. E depois? Vá reatar com seus amigos e viver a vida. Tivemos uma bela história, mas ficaremos por aqui. Quero que me deixe ser seu amigo."

Se não foi rigorosamente com essas palavras, foi quase.

Era fim de verão em Paris, quase outono, e os amigos saíram caminhando pelo boulevard Raspail, depois do jantar. A noite esfriara, mas ainda estava agradável. Anatole fez a proposta que não podia faltar. "Vamos tomar um gole daquele uísque japonês no *Le Select*, antes da dispersão. É o mínimo que posso oferecer depois desse festim. E lá você nos contará sobre a mulher que está por trás disso tudo. Não me diga que essa faxina não se prende a outra. Te conheço, *mon pote*."

Maurício passou a mão na testa e sorriu. "Bem, se vocês querem saber, antes de sair de Buenos Aires, rompi com uma moça que quase me enlouquecia de tão bela. Mas foi por razões bem diferentes das que me levaram a terminar com a Carla. A Laura merecia coisa melhor." Piscando o olho para Gilles, ainda brincou. "Acho que vou pedir a Anatole que me leve a uma balada com a turma dele. Talvez minha vocação seja mesmo desbravar o meu lado gay adormecido." Os três riram. "Em outros tempos, eu teria dado tudo para ouvir isso. Mas sei que não é sua praia. Bem, está melhorando. Mas ainda não estou convencido. Minha *mamushka* russa costumava dizer que quando a gente cai na água, a chuva já não nos faz mais medo. Vamos lá, meu lado KGB diz que a história ainda está incompleta."

Mas por ali ficaram. Haveria outra mulher?

De volta do jantar no Sottovoce com Laura, Maurício foi direto para a casa de Ida Frommer. Era agosto e fazia frio. "E então, como foi? Já sei. Ficou tudo por isso mesmo. Você teve peninha dela e desistiu de romper. Não foi assim?" Dora, a filha de Ida, fingia assistir televisão e espichava o ouvido para a conversa. "Pegue uma dose daquele meu uísque." Ida passou pela sala, sussurrou algo. Dora fulminou-a com os olhos felinos, levantou-se em um pulo e bateu a porta do quarto com toda a força dos braços roliços. Arqueando as sobrancelhas, Ida trouxe a bebida e, como se estivesse falando para si mesma, murmurou: "Ainda preciso ter uma conversinha séria com essa aí."

Ida morria de medo da filha e, por uma razão que Maurício só podia atribuir à culpa que sentia pelo divórcio que ela própria quis, o pavor vinha paralisando-a. Mães acuadas e filhas onipotentes depois da separação dos cônjuges eram para ele um traço genuinamente judaico. Que filha vai ficar contra o pai?

"Dentro do possível, correu tudo bem. É claro que eu fiquei triste. Especialmente por vê-la decepcionada. Não, não ria, não ria, Ida! Só um sádico não se apieda de uma situação dessa. A Laura tem um lado meio infantil e admito que eu talvez até gostasse disso. Mas ficou para trás. Agora vamos deitar que amanhã o avião sai no meio da tarde e eu ainda preciso passar em casa. Terminamos de conversar na cama."

Excitada com o que ouviu, Ida foi toda entrega. "Se há um caminho de volta entre nós, vamos encará-lo. Que mal pergunte: e aquele seu outro rolo da Europa?" Maurício lhe percebia as pupilas dilatadas, a ansiedade, alguma taquicardia e um cheiro diferente. "Se eu não for a Londres, ela virá a Paris, ora. O fim lá também está escrito, Ida. Pacto é pacto! No que depender de mim, você não terá uma só razão para nos sabotar. A menos que a fabrique. Só não pare de tomar seu remedinho. Não há porque parar se ele tem te estabilizado, não é?"

Desde a sua ruidosa separação de um comerciante do Once chamado Jacó, pai de Dora, Ida Frommer aceitara conversar com a Dra. Monica Fronzi, que lhe recomendou um antidepressivo. Continuariam a se ver regularmente nas sessões de terapia, mas não custava testar a droga para aplacar alguns dos dramas candentes que a paralisavam. Apesar de não ter mais qualquer resquício de amor por Jacó, Ida perdia horas de sono pensando no que o teria levado a viver com Anita Hirsch nem bem saiu de casa.

E ia além: será que já era um caso antigo? Deveria ter pedido mais dinheiro? Se não dera certo com um homem considerado exemplar, com quem haveria de terminar seus dias? Por que não sabia rir como todo mundo? Por que era tão vulnerável aos caprichos da filha, que se recusava a crescer, apesar de seus 22 anos? Por que não desocupava o imenso apartamento na torre Kavanagh, e não se mudava para um lugar menor? Qual era o propósito de sua vida? Ficaria pelo resto de seus dias como reserva de mão de obra para arrecadar dinheiro para causas vagas, enfronhada no diletantismo disfarçado de benemerência? Seria ela também uma eterna adolescente, à mercê da conveniência política alheia? Nascera para uma vidinha menor e ficaria à espera de que Dora lhe desse um neto?

A Dra. Fronzi achava que todas essas questões eram pertinentes a uma mulher de 55 anos, e talvez foi a única pessoa fora da família com quem ela conversou sobre Maurício Blatt, o sujeito que conhecera num voo para Punta del Este, na fase inicial da separação. Ou seja, no começo do fim. A essa altura, já iam pelo segundo ano, depois de algumas oscilações de voltagem.

No mesmo dia em que voltou da Europa, Maurício teve que passar no escritório para rever a posição financeira do fundo e conversar com gente do mercado. A pior de suas expectativas estava se materializando. Seu xará e amigo Macri, o Presidente, pagara nas urnas pela tibieza política, e o dólar estava nervoso. Só se falava dos clássicos pacotes de contingenciamento de compra de divisas e ele tinha que transformar a volta da ópera-bufa portenha em oportunidade de lucro para seu fundo, um dos mais rentáveis do mercado.

Era quinta-feira. Encontrou o apartamento em desordem. Ao abrir um WhatsApp desconhecido, viu que era do filho de Dolores. A mãe ficara doente e estava hospitalizada. No domingo, disse, trataria de lhe fazer uma visita e perguntou ao rapaz se precisava de alguma coisa.

Ao telefone, brincou com Ida. "Cá estou eu! Mais solteiro do que nunca. Por onde começamos?" Ida acompanhara cada passo de seu desfecho com Carla Whitehill, mas fez questão de lhe dizer: "Você deve ter deixado uma portinha aberta." Ele mudou de conversa. "Quer ver a Victoria Sambuelli no La Scala, de San Telmo?" A música era uma das poucas coisas que a destravavam seriamente. "Amanhã tenho que ir com a Dora comprar um presente para a namorada do amigo dela. À noite, ela quer que eu faça um bolo. No sábado, aliás, a Débora quer que eu a acompanhe à manifestação de apoio a Cristina. Sei que você não gosta delas - nem da minha irmã nem da Cristina, mas não vou negar isso a ela."

A ruptura de duas relações amorosas de que Ida era consciente desde o começo, há de tê-la deixado duplamente perturbada. Primeiro por achar que agora a responsabilidade recairia sobre ela própria. Até a Dra. Fronzi brincou, provocativa. "Parabéns, é muito prestígio para quem já não tem trinta anos. Vá fundo, *dale*."

Em segundo lugar, a componente da traição deixava de existir. "Acho que era mais reconfortante saber que ele estava bem suprido de sexo por aí. E que a mim tocariam só jantares e concertos." Quando a Dra. Fronzi perguntou porque ela nunca lhe disse que preferia que as coisas fossem assim, Ida disse a primeira frase que lhe ocorreu. "Ele iria achar bom, e a situação de ser suplente da suplente iria se perpetuar." Não, não era bom argumento.

Na noite da sexta-feira, à sombra de sua imagem projetada pelas velinhas acesas na penumbra do apartamento, ela ligou para Mauricio. "Amanhã quero ir dormir cedo, logo depois do concerto. A gente pode sair daqui de casa, se isso não te incomodar. No domingo, preciso ir à Matzeivá de Júlio Feldon, que foi sócio de Jacó, aquele que você também conhecia dos tempos do banco." Assim era Ida. Estaria a medicação em dia?

Victoria Sambuelli fez uma apresentação impecável e foi aplaudida por dez minutos em cena aberta, bem de acordo com a tradição da cidade. Ida estava sonolenta, não vinha dormindo bem e cochilou várias vezes. Chegando à Torre Kavanagh, estavam a rigor pela primeira vez a sós desde que ele voltara de viagem. Dora se entretinha com amigos em torno da mesa, como se todos tivessem doze anos. No meio, um vaso enorme cheio de chocolate barato. Os gritos ecoaram até tarde. "Amanhã temos que sair cedo para La Matanza. Parece que o rabino Polakoff vai. Tinha prestígio, o nosso amigo Júlio."

No dia seguinte pela manhã, Ida já saíra da cama e apareceu tão vestida como se já fosse tarde. Será que dormira? "A gente pode comer alguma coisa no caminho, não é? Não quero fazer nada na cozinha porque uma amiga da Dora que ficou para dormir detesta cheiro de ovo frito. Parece que tem alergia. Depois da Matzeivá, teremos aqui uma reunião com o pessoal da Débora que me pediu para receber os amigos do comitê justicialista. Nada bom para você a presença de tanto peronista, não é? Mas não posso dizer não à minha irmã, que não tem lugar de reunião aqui em San Martín."

Maurício levou o tablet para o banheiro e deu uma olhada no noticiário enquanto ouvia rádio. De frente para o espelho, remexeu os remédios que ficavam nas prateleiras do meio, e viu a caixa de Escitalopram, que Ida tomava. Colocou uma cartela sobre o balcão e voltou às fotos tiradas na última semana de agosto. Estava claro. Desde sua partida, há quase 3 semanas, Ida tomara apenas nove comprimidos da dosagem que deveria ser diária. Ela suspendera a medicação. Mesmo que o movimento tivesse sido feito de comum acordo com a Dra. Fronzi, aquele não era o momento idôneo para se submeter a experimentos, justo quando coisas mais importantes estavam em jogo.

Já não era a primeira vez que ela fazia isso.

Não fora por acaso que ele próprio estranhou que sequer uma centelha de desejo lhe tivesse perpassado o espírito. Mas evidentemente, nada falaria a respeito. Se dissesse alguma coisa, seria o primeiro a ouvir que ele a preferia dopada, porque assim ela cedia a seus caprichos e ficava vulnerável.

"Yitgadal v´yitkadash sh´mei raba b´alma di-v´ra chirutei v´yamlich malchutei b´chayeichon." As palavras do rabino ecoavam solitárias na manhã fria. Finda a cerimônia, depois que um dos irmãos Feldon fez uma apreciação da vida do pai no mínimo ambígua, Ida se afastou e caminhou cabisbaixa até o túmulo do ex-procurador Alberto Nisman, que ela conhecera bem, e colocou uma pedrinha sobre a lápide.

Na hora de lavar as mãos, com o motor do carro ligado, ela se saiu com a mais extemporânea das ideias. "Não tem quase nada de comida em casa. E como vamos receber o pessoal do comitê político, pensei que talvez você quisesse ir visitar sua empregada e comer alguma coisa por aí. Estou tão sem cabeça para fazer alguma coisa. Acho que preciso de um cochilo. Mais tarde, a Dora quer que eu vá com ela comprar lingerie nova – que ela tem vergonha de dizer à vendedora que é para ela."

Maurício só guiava e tentava se distrair com a paisagem. Chegando ao perímetro urbano, viu pelo retrovisor que ainda estava de quipá, que tirou prontamente. Naquele instante, o cansaço tomou conta dele. Pobre mulher, pensou. De repente lhe pareceram tão mais terrenas as súplicas adolescentes de Laura para que se despojasse na cama. E como ignorar a ternura incondicional de Carla Whitehill, que àquela hora talvez estivesse na porta de um teatro do West End londrino?

Na recepção do Kavanagh, ele foi telegráfico. "Vou sim visitar a Dolores e depois vou para casa descansar. Amanhã o dia será longo e ainda não me refiz do fuso totalmente." Era o fim com Ida Frommer. Antes de chegar ao hospital, as mensagens neurotizantes que eram tão caras a ela começaram a chover pelo celular.

E, com um sorriso, ele entrou no quanto de Dolores, tentando esquecer que Ida existia. "*Que passó, cariño?*" Dolores riu triste com um só canto da boca quando o viu entrar com um grande buquê.

O paciente do dr. Nussenweig

Vivi tempos em que chegava ao bar Aurora ainda no meio da tarde. Pedia uma cerveja a Juarez, o comandante da casa; lia os cadernos de política e lá pelas cinco horas, subia ao consultório do dr. Nussenweig para uma sessão de terapia, das duas que tinha na semana. Na mesa agora vazia, Juarez colocava uma plaquinha em que se lia *reservado* – uma primazia rara naquele reduto de intelectuais e boêmios –, e eu dizia até já, cara, dentro de uma hora estarei de volta e espero que daqui até lá esse calor dos diabos dê um sossego.

Chegando ao quarto andar, esperava na pequena sala. Ali ouvia Bach em surdina até que, em poucos minutos, emergisse do consultório aquele homem angustiado, cabisbaixo, quase sempre de nariz vermelho e, invariavelmente, cheirando a nicotina. Era ele quem me antecedia no horário. Encontro após encontro, parecia assolado pela dúvida quanto a dar um boa tarde ou passar direto para o elevador. A sensação que se tinha era que extirpar os males da alma podia ser tão pungente e brutal quanto arrancar um dente. Eu procurava desdramatizar minhas sessões mesmo porque elas se concentravam numa investigação branda sobre minha vida profissional e sentimental, embora quase sempre as coisas tomassem outro rumo. Quando menos esperava, a gente resvalava áreas não mapeadas, quando não deliberadamente indesejadas. Reduzir a sessão a mero exercício intelectual ficou difícil a partir de certo estágio, apesar de minhas tentativas de simplificação.

Diante do espelho, passeio as pontas dos dedos pelo couro cabeludo e revolvo os fios grisalhos que, aparentemente, pouco mudaram de cor e de volume nos últimos quinze anos, desde quando era paciente do dr. Samuel Nussenweig. Sem ser abundantes, os cabelos da cabeça são relativamente ralos, mas ainda enganam bem. Desde os 40 anos, tenho uma espécie de calva no cocuruto, como é do feitio da família paterna – parece uma quipá - de que guardei alguns traços flagrantes, especialmente no temperamento irascível, como gosta de definir minha mãe. A calvície lateral, acentuada pelas chamadas entradas, parece ter refreado os avanços e, felizmente, já se foi a meia-dúzia de fios que cresciam de cada lado, e que me levavam ao ridículo de querer fazer com que se sentissem tão meus quanto os demais, de forma que lhes dava uma atenção de mãe a filhos temporões, como se temesse perder o último vestígio piloso na região temporal.

Quanto à textura dos cabelos, continua a de sempre. No frio, eles ganham corpo e algum brilho. No calor, transformam-se numa espécie de palha seca que precisa ser domada à base de gel Bozzano, encontrável em qualquer farmácia brasileira à razão de quatorze reais o pote de gosma azul. Quando criança, usava fixador Juvenia, de cor rosa, que vinha num tubo branco. De tempos em tempos, tinha que me curvar às imposições de minha mãe para que me submetesse a alisamentos em salões femininos de sua frequentação, procedimento doloroso e ridículo, especialmente quando os cabelos levavam chuva, ou mesmo na sequência das braçadas da natação. Para minha mãe, hoje como então, cabelo é tudo, é a moldura do rosto. Se é ou não, para mim foi um tormento. Graças aos cuidados que tinha que tomar, frustrei uma carreira recreativa de nadador. Quanto ao barbeiro, percebo que ele corta com a ponta da tesoura uns fios que me escapam do nariz e das orelhas. Mas do nariz e das orelhas poderei falar mais tarde nessa estranha digressão anatômica que me assalta volta e meia desde os tempos da terapia.

Então lá vinha o dr. Nussenweig que, arejando a sala, fazia um gesto característico para que eu tomasse assento. Uma vez em cada três, apontava o divã e, arqueando aquelas sobrancelhas espessas sobre os olhos verdes, assinalava que também era uma possibilidade regimental. Se quiser, esteja a gosto – como se diz na sua terra. Ainda não estou pronto, Samuel, prefiro sentar, obrigado. Por onde começar?

"Nossa, seu amigo hoje fumou um bocado por aqui, hein? Se quiser, pode deixar as janelas abertas, está bem mais fresquinho do que lá embaixo onde faz um calor do cão. Acho que vai cair uma tempestade daquelas. Bem, não se pode confundir desejo com realidade. Eu só estou na torcida, mas assim é a vida."

Então, passados dez minutos de conversa fiada, dissipava-se a nicotina antiga e eu me encarregava de produzir uma carga renovada da fumaça que, pouco a pouco, voltava a empestear os ares. Começávamos a sessão. Eu tateava os terrenos mais palpitantes e me lançava na enumeração de casos que soassem divertidos ou originais, forma de compensar meu terapeuta pelas lamúrias desditosas do paciente chorão. Contava-lhe dos bastidores da grande política nacional e estrangeira, e da última viagem a Brasília. Exagerando na carga dramática, dizia que estávamos indo em direção a um muro e que mais cedo ou mais tarde o Brasil e o mundo pagariam uma conta salgada pelo desleixo com que vinha tratando os ajustes internos.

Ele quase nunca reagia, mas chegou a dizer que o consultório não era o São Paulo Fashion Week. Ou seja, que eu não me preocupasse em trazer novidades ou relatar coisas impressionantes. Eu rebatia que não fora criado para entediar as pessoas, mesmo que estivesse pagando para estar com elas. Mas eu entendia o recado. Na verdade, ele queria que eu focasse.

No final da sessão, chegávamos a um ponto nevrálgico ligado às mazelas de minha pequena vida. Isso quase sempre assinalava o fim dos 50 minutos. Voltando ao bar, eu laçava o primeiro circunstante à volta e dava vazão ao ímpeto por fim liberado. Da próxima vez, faria o aquecimento tomando uma cerveja e chegaria na terapia com os conteúdos formatados. E não o contrário.

"Ele parece que está gozando, benza-o Deus", disse certa feita uma prostituta de um lupanar sobre meus olhos mortiços. "Ele tem olhos pequenos para esse corpanzil, parecem mais os de um elefante." E eu, o que teria a dizer sobre eles? Quando os fixo no espelho, podem ser esverdeados como os de meu pai, especialmente se passei o dia ao sol, o que quase nunca acontece. Mas de regra, são castanhos claros e ainda funcionam para lá de bem, graças aos óculos de vinte euros que compro às pencas nas farmácias europeias, para espalhá-los onde vá: sala, cabeceira, banheiro, cozinha, carro e escritório. Se os olhos nada têm de muito especial, meus cílios são uma unanimidade. Arqueados, nunca pude vê-los de perfil até o dia em que um jogo combinado de espelhos de hotel os colocou em meu ângulo de visão. Não gostei. Lembram os de um médico sírio de nariz imenso que conheci na Alemanha, cujos cílios revirados eu associava à feminilidade pulsante daquele homem gentil, cheio de ademanes caricaturais. Mas podemos deixar o nariz para logo mais.

Ainda sobre os olhos, ultimamente venho sentindo alguns espasmos na pálpebra da vista direita, e ignoro a que possam estar ligados. Muitas vezes tenho também a sensação de que ele fica mais fechado do que o esquerdo, o que me faz pensar no olho horrendo de Onassis, perto do fim da vida. Se os milhões dele não resolveram a pálpebra arreada, de que me valerá a pouca fé na medicina? Em muitas fotos, vejo que tenho uma espécie de estrabismo, um desvio no olho direito, similar ao que tinha um tio. Longe de ter uma mirada simétrica, o olhar está desbalanceado, e as pessoas podem perfeitamente julgar que falo com uma delas e olho para a outra.

Como sou um sujeito de falar com veemência, especialmente depois que tive que abrir mão dos betabloqueadores por causa da asma, o olhar enviesado pode assustar alguns. Imagino que só vá se agravar com a idade. Mas, pensando bem, que grande importância isso ainda pode ter? Muitas vezes a vista está bastante cansada e um jejum digital a regenera a ponto de poder ler jornal sem óculos. Que aproveite bem esse bônus inusitado.

Certa vez eu disse ao dr. Nussenweig: "O tempo que nos falta aqui dentro, Samuel, eu compenso lá fora, desabafando com amigos de ocasião. Quem manda você atender no coração de um dos bairros mais alegres da cidade?" Ele sorriu com economia e um laivo de tristeza. Como aquele homem era contido, meu Deus. De sua boca, na verdade, me lembro de ter escutado apenas uma frase recorrente: só depende de você, dizia, e lá se iam trezentos reais, mais do que o que eu gastava no bar com dez cervejas, um prato de carne assada com pimenta e dois pães franceses fatiados.

Não era raro que fosse do aeroporto direto para o bar-consultório, o que atestava que prezava muito aqueles momentos. Cá no íntimo, achava que se desembarcava diretamente e antecipava a chegada só para vê-lo no horário aprazado, alguma força transformadora deveria estar em operação dentro de mim. Sobre isso, acho que não me enganei. Numa dessas ocasiões de bar, quando a noite estava no auge e eu ia a todo vapor, lá chegou um velho conhecido.

Ele talvez não soubesse que eu estava a par de uma temporada prisional que ele purgara por ter violado os cânones aplicáveis aos fiéis depositários. Mas isso pouco importava naquele momento. Se quisesse me referir ao fato, é óbvio que eu teria algumas perguntas a fazer até para satisfazer a curiosidade do leitor compulsivo do noticiário que sou. Mas isso só dependia dele. Ele disse: "Tempos atrás, fui levar uma televisão de presente para uns amigos que fiz num clube novo. Você não imagina como tem gente que se sente à margem do mundo, sem conexão com a vida. E digo mais: certas experiências criam uma empatia difícil de reproduzir para quem nunca esteve lá."

Estava claro que ele sabia que algo me chegara aos ouvidos. Mas era aquela habilidade em dar voltas que o singularizava. No fundo, nem omitia o tema nem o escancarava a ponto de desequilibrar a noite. Se a experiência é, de tudo o que prezo na vida, o ativo mais precioso, ali estava um homem à altura de conversar com competência sobre as coisas do mundo que víamos ao redor, e sobre aquelas tantas que não víamos – uma de minhas pautas mais frequentes na terapia.

"Isso é o que eu chamo de um belo pau... de venta", disse, jocosa, a amante de ocasião, fazendo o suspense devido com a providencial paradinha. Para algumas nordestinas, *venta* é uma forma desabusada de denominar nariz, emulando o linguajar da gente simples, e não rara vez de falar castiço. É claro que eu preferia que a frase de Elza não tivesse sofrido o complemento que se seguiu às reticências. Mas a verdade é que ela só quis dizer que gostava do meu nariz aquilino e, para alguns, ostensivamente semita. Nunca o vira de perfil até o dia em que pude me deter a contento em seu exame, na mesma ocasião da descoberta dos cílios. Tirando uns cabelinhos que vez por outra aparecem na região do lábio superior – as vibrissas, como ensinou mamãe, que ajudam a filtrar o ar inalado –, o nariz não me dava grande trabalho até que a sinusite chegasse para ficar.

Quando eu era rato de praia, tinha que besuntá-lo com espessa camada de protetor e creio que a pele ali já tenha passado por muitas mudas, tantas foram as camadas que retirei. "Seu nariz está em carne viva, rapaz. Vai cair. Cuidado que vem um melanoma por aí", costumava bradar papai, com a proverbial moderação. Congestionado, bombardeio as narinas com pesada artilharia de remédios até que o ar circule bem. À noite, é por ele que respiro e aprendi a dormir de boca fechada, o que considero um dos únicos feitos de saúde que logrei depois de velho. Em todos os demais domínios que demandam um mínimo de exercício e determinação, só colecionei fracassos. Mas a essa altura, o que importa?

No mais, gosto do alinhamento do nariz com uma pequena cicatriz que tenho no meio da testa. Ela se deve a um cubo de gelo pontiagudo, arremessado do alto por meu irmão há mais de 50 anos, e deixou uma marca eterna. Quando a vejo, agradeço ao destino que tenha poupado um olho de um vazamento fatal, se atingido pela quina pontiaguda. No nariz, como já dito, acomodo a ponte de um sem número de pares de óculos. Consumidor contumaz dos descartáveis, comprados em bancas de jornal ou farmácias, já tive mais de cem. O fim da relação depende deles. Se descansavam no sofá e eu sentei em cima, azar o deles. A culpa é raramente minha. Aliás, quase nunca.

Então, mudando o curso da conversa, quando eu já me animava a perguntar-lhe sobre o tal clube novo onde fizera camaradagem, meu amigo disse: "Aliás, rapaz, você já percebeu o quanto nos tornamos invisíveis? Lembra dos anos 1980, quando chegávamos ao Supremo e o mulherio parava de conversar, se cutucava e nos olhava com aquela lascívia? Hoje o máximo que podemos almejar é fisgar uma vovó jovem. Em boa forma talvez, mas avó, inevitavelmente." A primeira parte talvez seja benevolência da memória, mas a segunda era verdade. E continuou: "Como a gente se enxerga todo dia no espelho ao fazer a barba, fica difícil perceber o estrago do tempo. Olheiras, calvície, barriga, tudo isso somado nos derruba, meu velho." Sim, ele tinha razão, mas aquela conversa estava tomando um rumo deprimente. Depois disso, nunca mais o vi.

Quanto tempo faz daquele encontro? Bastante. Meu vínculo com dr. Nussenweig era pontuado por alusões à minha relação com Diana Zylberstajn, que, bem ou mal, estava estabilizada. O mundo dela diminuía a olhos vistos e era desproporcional o controle que os filhos e a irmã exerciam sobre ela. Ela disse: "Sou filha de gueto mesmo, você tem razão. Foi um erro eu ter me forçado a sair dele, a querer agir como as outras mulheres. Talvez eu vá ser para sempre uma menina de *shtetl*, uma arisca que, no fundo, não confia nos *goyim*." Nos dias em que ela estava bem, sempre que fazíamos alguma coisa juntos, dava para ver dissipar-se a sombra da depressão em que ela sumia. Mas isso normalmente não durava mais de um dia, talvez dois, quase nunca três.

Diana à parte, procurei o dr. Nussenweig porque sentia que me aproximava de ambientes políticos tóxicos e precisava delimitar com nitidez as fronteiras entre o que eu chamava de senso moral nato e o oportunismo alheio. Era inconcebível que onde quer que fosse no mundo, interlocutores de negócios aludissem aos pedágios extorsivos que lhes pediam os clientes brasileiros – a começar pelo Estado. Como poderia orientá-los? Será que deveria encaminhá-los ao Ministério Público para que fizessem uma denúncia ou simplesmente deveria sugerir que deixassem o País e seu potencial? Estaria eu ficando louco ou estávamos nos tonando uma cleptocracia de feições neoafricanas? Como me envolver em grandes projetos de infraestrutura, mantendo a isenção dos não-cooptados, sem que isso me valesse inimigos?

Custo bastante a conceber que tudo o que comi na vida passou pela boca, por idiota que pareça a cautela. Calculando por baixo, são bem mais de 40 mil quilos de comida ingeridos até hoje. Visto que falar sobre o metabolismo e do duto de saída é de gosto duvidoso – ademais de visualização inacessível para o dono –, também sou grato de que a boca nunca me tenha pregado peças. Dizem que tenho lábios bem delineados e, dados os contornos de um rosto cheinho, é normal que a boca pareça pequena. Acho que fiz bom uso dela ao longo da vida e concatenei bem os esforços entre os lábios, a língua e até os dentes incisivos nas funções não-alimentares que lhes couberam.

A primeira vez que beijei como se deve foi, na verdade, ao cabo de uma aula magna. Ou deveria dizer que foi no prenúncio? Isso porque teve surpresa, técnica, lascívia e, é claro, continuidade. Depois daquele dia parisiense do verão de 1973, sempre quis aplicar as tecnicalidades assimiladas a todo beijo amoroso que dei, o que me valeu boa fama num terreno nevrálgico, por muitas mulheres tido como eliminatório.

Nunca me ocorreu perguntar ao dr. Nussenweig se fiquei ou não estacionado na tal fase oral – que nunca soube ao certo o que vem a ser. Mas acredito que têm razão os japoneses quando dizem que todo mal começa pela boca. Tanta razão quanto a que assiste aos húngaros quando afirmam que o peixe começa a feder pela cabeça, falando da imbecilidade alheia. Certo mesmo é que coloco na boca mais coisas do que deveria. Canetas, hastes de óculos e marcadores de livro. Da mesma forma que testo com a ponta da língua perfumes e fragrâncias. O dentista disse que tenho bruxismo acelerado e que um lado das arcadas dentárias está mais castigado do que o outro. "Seus dentes estão se desgastando rapidamente. Qualquer hora dessa você não terá mais dentes para rir." Mas então me pergunto: que importância tem isso a essa altura?

Certa tarde, o dr. Nussenweig encadeou mais do que três frases curtas. Disse: quando as pessoas caminhassem por terrenos movediços deveriam, vez por outra, lançar pedras adiante para ver se elas se mantinham na superfície ou se afundavam. E continuou: era importante assuntar consigo mesmo a componente da Fé. Será que ele acreditava naquilo que estava propondo? Estava o indivíduo sendo verdadeiro com seu receituário de certo ou errado? Nem naqueles dias nem depois, eu voltaria a ver no bar aquele meu amigo que passara uns tempos preso. Poderia testar a fórmula do doutor com ele e submetê-la a seu crivo. Diante de tudo o que se abateria sobre o Brasil, a gambiarra que ele fizera com um maquinário que não mais lhe pertencia pareceria uma travessura inocente, caprichos de um cara extravagante, quase romântico, que simplesmente não estava acostumado a viver dentro de um orçamento.

Dele me ficou de herança o primeiro alerta de que, querendo ou não, uma hora nos tornamos invisíveis. E se pensasse bem, era assim que queria ficar aos olhos da lei. O convívio com figurões da alta política que embolsavam o butim do superfaturamento me deixava de cabelos em pé. Não que aqueles temas soturnos fossem objeto de quaisquer conversas diretas. Pelo contrário, tanto o Secretário quanto o Senador não cansavam de fazer uma pregação em favor da austeridade e da transparência. Quando muito se aproximavam de temas espinhosos, ditos impublicáveis, falavam dos imperativos da sobrevivência política. Um deles disse certa feita, referindo-se a um desafeto em seu estado: "Sei que aquele filho da puta tem muito dinheiro. Se eu não guarnecer a retaguarda, ele come os votos de meus municípios mais fiéis. E só há uma forma de resistir ao cerco, na impossibilidade de poder dar um tiro naquela pústula. É despejando outro caminhão de dinheiro nas bases. Só no gogó, não dá para reverter um quadro desfavorável."

Eu mostrava que entendera o recado, mas, ao mesmo tempo, o meu não-verbal exprimia claramente que eu nada podia fazer nesse terreno. Disse ao Senador quando estávamos no carro: "O que garanto é uma obra tecnicamente irretocável. O TCU a cobrirá de elogios." No mais, eu me sentia esfacelado, paralisado pelos dilemas. Deveria surfar a onda e construir já uma aposentadoria? Ou seria mais acertado faltar às reuniões, sabotar a confiança que inspirava e, quando cobrado, mandar todos ao inferno? Então, recomeçararia a vida como se nada daquilo tivesse acontecido. Daí ter recorrido a Samuel, ora.

Desconfio seriamente de que boa parte de minha audição à direita tenha se apagado. Das poucas vezes que falo ao telefone, jamais o faço levando o aparelho à orelha direita. E, quando chego ao restaurante com algum convidado, sento-me sempre à sua esquerda. Mas no geral, acho que escuto razoavelmente, o que não vem muito ao caso. Isso porque quero mesmo é falar de minhas orelhas, essas ilustres anônimas. O que têm de especial? Nada. Odeio, naturalmente, quando alguém as aperta, mas contenho a fúria à custa de treinamento. No mais, elas têm grande plasticidade e são feitas de cartilagem de primeira linha. Já foram submetidas a temperaturas árticas muitas vezes e logo retomaram o calor do corpo, minutos após receber o hálito da lareira. Para não dizer que falamos de perfeição de qualquer ordem, é bem verdade que ultimamente vêm nascendo uns pelinhos na superfície que tem atrito com os cabelos, como se fosse uma espécie de implante espontâneo que estivesse se operando. De novo, eles não escaparam ao escrutínio do barbeiro que passou a me pedir permissão para untá-los com uma espécie de cera derretida que, uma vez petrificada, ele arranca com um só puxão. As orelhas ficam vermelhas e a sensação está longe de ser agradável, mas o resultado satisfaz. Quantas vezes já me submeti a esse ritual bizarro? Seis, talvez, nesses últimos anos, o que dá conta da lenta progressão da anomalia. "À medida que o senhor for envelhecendo, eles vão aparecer mais. Mas então a gente passa essa cerinha quente e tudo fica resolvido. Sei que o senhor não gosta, mas é melhor do que ficar com orelha de macaco", disse ele com pronunciado sotaque caipira.

"Veja bem, Samuel, é claro que eu gosto de Diana. É claro que não posso denominar esse sentimento de outra forma que não seja amor. Amor do mais puro, quase arquetípico, entende? Gosto da feminilidade dela, vejo sensualidade naquele jeito melancólico de ser, gosto dos peitos grandes e naturais, e dou um braço para vê-la sorrir. Por outro lado, acho que ela estacionou. Tudo é pretexto para que ela sabote nossa relação, tudo parece servir para que ela se enrole num novelo de preocupações rasas, de falsos dilemas travestidos de consideração aos filhos, ao ex-marido, às circunstâncias profissionais, à inveja branca que sente das colegas mais bem resolvidas, à chegada da menopausa e aos calores inexplicáveis. E é aí que entra minha holandesa.

Será que amo Karen? Talvez. Karen acorda com um sorriso, não preciso suplicar para que faça uma felação, um café bem tirado, torradas com mel, e ainda temos uma conversa rápida sobre a atualidade. À noite, é sempre uma alegria revê-la. Tomamos um copo de vinho branco, ela me conta como foi o dia, e, segundo o humor, falamos português, alemão, francês ou inglês. Essa alternância nos faz enorme bem. Em português, ela bate o auge da sensualidade pois parece que fica quinze anos mais nova. Não é à toa que em minutos estamos na cama. Se o holandês dela não me diz nada, o alemão é perfeito e o reservamos para a hora de evitar mal-entendidos, por incrível que pareça. Serve para quando estou ao volante e entro em conflito com o GPS. Então o alemão nos dá os parâmetros para chegarmos ao destino sem desgaste. Em francês, sempre rimos, é nosso espaço secreto para a galhofa. Nunca nos contentamos com as palavras. Passamos automaticamente ao não-verbal e ela bufa, faz careta e eu faço todas as mugangas possíveis dos vinte distritos de Paris. O inglês fica para as conversas com terceiros, geralmente casais de amigos que vêm à nossa casa para um drinque e que, sabendo-a holandesa, veem um bom pretexto para praticar uma língua estrangeira. Podemos usá-la entre nós quando trocamos uma rara farpa. Em suma, Samuel, eu não posso viver nos limites de um só idioma. Quanto a Diana, coitada, ela só tem seu hebraico de fábrica e um português razoável. É pouco para uma vida, Samuel. Somos tantos quantos as línguas que falamos. Poliglotas precisam uns dos outros como navios de um porto."

A caminho do tórax, passando pelo pescoço, impõe-se uma pausa explicativa. Afinal, tenho pescoço ou não? Pois bem, até os anos 1990, não havia grande dúvida de que a resposta era positiva. À medida que o rosto arredondou e se lhe despencou a papada indecente, o pescoço sumiu. A ponto de ter vivido cena patética em Portugal, conforme relato. Foi assim: ia comprar uma camisa, mas o colarinho ficara lá embaixo, centímetros abaixo do discreto pomo-de-Adão. Não a levaria. O vendedor, decepcionado com minha decisão, insistiu em que aquele era o tamanho certo, dizendo: "Este é pois o número que convém a si, homem. Quanto mais baixo o colarinho, melhor será, visto que não tem pescoço." Como? Será que ouvira bem? Não tinha pescoço? Ele confirmou. "Não diga que não sabia, ora. Acaso não tem espelho?"

Na mesma noite, embriagado no Bairro Alto, liguei para minha mãe e lhe perguntei se tinha ou não pescoço. A resposta não poderia ter sido mais nítida: "Enquanto você morou comigo, você teve, meu filho. Mas depois, você perdeu. Agradeça ao vendedor que foi sincero e veja se toma aprumo." Mas bem, como dizia, o tórax era recoberto por fina relva de pelos na altura do osso externo. Nos exames cardiológicos, a enfermeira depilou a região para acoplar as ventosas ligadas ao aparelho de eletrocardiograma. Isso fez com que brotassem mais encorpados, o que me leva a apará-los com tesoura uma vez ao ano.

O umbigo, igual a milhões de outros mundo afora, agora está encoberto por uma incipiente hérnia que lhe tolda metade da superfície. Afogado pela proeminência da barriga, esta pontua alto na composição da anatomia e me vale um olhar assustado ou divertido quando caminho pelas ruas. Principal responsável pelo adubado peso de nove arrobas que reboco mundo afora, o ventre dilatado carreia todas as conjuras do mal. A ele me atribuem o risco de morte iminente, de inenarráveis transtornos cardiovasculares e da chegada de um tropel de diabetes que me caramelizará o corpo. É por conta desse ventre bem nutrido e caprichoso que vejo declinar a agenda de convites profissionais e o desvio de olhares femininos que já me interessaram um dia.

Até hoje não sei ao certo como me despedi de Samuel Nussenweig. Não sei sequer o que me levou a descontinuar as sessões. Imagino que tenha ocorrido uma grande viagem internacional ou que tenha farejado um indício imperceptível de que chegáramos ao limite. Não posso descartar a possibilidade de que o dinheiro tenha pesado, muito embora lembre que ele sempre deu prova de grande compreensão e empatia das vezes em que pedi que segurasse um cheque por uns dias à espera de que a conta estivesse mais recheada. Mais de uma vez incorri na praxe da época em que se datava o cheque digamos para 10 de abril, e, sob a assinatura, escrevíamos "bom para 5 de maio". Não lembro de que ele tenha prescrito remédio algum muito embora pouco depois daquele período eu tenha começado a tomar benzodiazepínicos, dos quais ainda não me considero totalmente liberado, tantos anos passados. A razão frontal para tomá-los se prende a desacelerar o corpo, conter a excitação e evitar uma infindável conversa comigo mesmo que pode reduzir a vontade de dormir a um suplício. Não tenho na família casos flagrantes de desequilíbrio mental como tem certo amigo cujo irmão é descontrolado, e arrancou dia desses a toalha da mesa na noite de Natal, causando desassossego à mãe anciã. Posso ter pequenos episódios de fantasias persecutórias e um declarado horror a ambientes fechados - o que me causa sonho recorrente. É tudo.

Da zona pubiana para baixo, tudo parece estar bem. As carnes bem fornidas não chegam ao hemisfério sul do corpo, muito embora me impeçam de contemplá-lo, se olho em direção aos pés, de que só vejo as pontas das unhas dos dedões, não raro encravadas. Nenhum outro perfil se destacará nessa perspectiva, especialmente se as partes estiverem, por assim dizer, em posição de repouso. O sedentarismo cobra preço alto no vigor das pernas que já não têm o tônus muscular de tempos recentes. A ponto tal que sempre consegui chutar com potência e direção. Essa habilidade me valeu a posição de lateral esquerdo no futebol e o fôlego invejável me permitia apoiar o ataque e marcar o ponta direita adversário. Dizem que razoavelmente, tanto que nunca deixei de ser escalado nas peladas.

Tenho sim o joelho direito levemente comprometido por uma queda no Carnaval, certamente devida à embriaguez, e o médico sugeriu que fizesse uma cirurgia. Quando lhe perguntei o que aconteceria se não obedecesse à recomendação, não achou o que dizer. Isso foi há 30 anos e o leve desconforto é preferível às incertezas de uma sala de operação, que não sei sequer como é. Os braços nunca foram especialmente vigorosos, mas tenho mãos que as mulheres sempre consideraram bonitas porque parecem patas de felino – disse-me uma na terceira dose. Em repouso sobre a mesa, são achatadas, carnudas e sem veias à vista. Não lembro de ter cortado as unhas das mãos depois de adulto porque sei roê-las com grande destreza, preservando-lhes os contornos das pontas. Eventualmente, posso lixá-las em superfícies ásperas caso alguma operação resulte em sangramento leve. Trabalho bem com os cotovelos e eles são uma grande arma de dissuasão em ambientes aglomerados, mais até do que a barriga que, pelo menos, me garante o lugar de dois onde quer que vá.

Quase nunca falei com Samuel Nussenweig sobre assuntos comunitários, ligados à porção judaica que nos unia. Ela estava imperceptivelmente presente em nossa relação. Era como se ser judeu perpassasse uma normalidade absoluta e universal. Era como se, melhor dizendo, mesmo os não-judeus o fossem em alguma medida. E assim tudo poderia ter ficado até que Benny Askenazi, que tem ido muito a Israel ver os netos, me disse que alguém perguntara por mim.

"Ele disse que você foi paciente dele e mandou lembranças. Disse que nas raras vezes que recebia notícias do Brasil, pensava muito naqueles tempos. Quando contei-lhe que você tinha mesmo precisado de orações em dado momento da vida, ele fez uma expressão preocupada. Então como os fatos são mesmo de domínio público, esclareci que você tinha sido inocentado do imbróglio com o Senador, e que tinha casado com Diana Zylberstajn. Ele pareceu feliz de verdade e murmurou *Baruch Hashem* mais de uma vez. Não sei se você sabe, mas ele está morando numa *yeshivá* em Mea Shearim e se tornou religioso, contra todas as expectativas."

Nunca tinha me passado pela cabeça que aquele homem pudesse um dia fazer orações matinais e sair em grupo para rezar no Kotel em nossas festas. Por outro lado, entendo que como qualquer um de nós, ele sentisse falta de alguma elevação espiritual. Escapava a mim, e talvez não venha a entender isso nunca, como se conciliam na cabeça de um psiquiatra as dimensões da ciência e da religiosidade. Como elas podem caber no mesmo indivíduo? Será que essa migração sempre esteve latente ou ela decorre de um fato isolado e fortemente individual? Se este for o caso, o que teria levado Samuel a fechar seu consultório, desfazer-se do divã e da manta indiana que forrava o encosto? O que seria feito daquele paciente que saía sempre com o nariz vermelho de tanto chorar?

Prometi a mim mesmo que tentaria vê-lo da próxima vez que fosse a Jerusalém, ainda que mais não fosse para reatar com aqueles dias loucos em que eu regava a muita cerveja os dois suplícios que me atormentavam: meu amor ao Brasil e a Diana. Dizer que o segundo sobreviveu mais robusto do que o primeiro, não seria exagero. Mesmo que Diana não tenha aprendido novos idiomas. Aliás, nem o Brasil aprendeu.